元国税が教えるお金の残し方

「ひとり社長」の賢い節税

杉田健吾
Kengo Sugita

はじめに

「会社員のままでいた方が安定している」

そう思っている方は多いのではないでしょうか。

確かに以前はそうでした。終身雇用が当たり前で、大企業に入社すれば定年まで安泰。そんな時代が長く続いていました。

しかし今や、その「安定」が大きく揺らいでいます。

終身雇用は崩れ、リストラや転職は珍しくありません。むしろ、1つの会社に頼り切ることこそがリスクとも言えます。

給与は上がらず、副業・兼業が推奨される時代。もはや会社員であることは「安定」の代名詞ではなくなってきています。

そんな時代だからこそ、私は「**ひとりで独立する**」ことをおすすめします。

なぜ「ひとり」なのか。

それは、今の時代にもっとも適した働き方だからです。


従業員を抱えれば人件費や社会保険料の負担が重くのしかかります。

でも「ひとり」なら、身軽に動き、必要に応じて外部の力を借りることができます。

スマートフォン1台あれば、どこでも仕事ができる時代です。


クライアントとの打ち合わせはオンラインで。必要な業務は外注やフリーランスの方に依頼する。

このように、固定費を徹底的に抑えながら、必要な時に必要なだけリソースを使う。

それが可能なのが、ひとり起業家なのです。


ただし、独立して成功するためには避けて通れないものがあります。

それが「お金」の話、特に「税金」の知識です。

知らないと損をする「税金」

実は、独立したひとり起業家の多くが、知らないうちに損をしています。

例えば、個人事業主のままで活動していると、月に数万円〜数十万円も余計に税金を払っているかもしれません。

法人化して賢く節税すれば、手元に残るお金を大きく増やすことができます。


「でも、法人化って、バリバリ稼いでいる人向けじゃないの？」

「税金の対策なんて、もっと売上が上がってからでいいんじゃない？」


そう思われるかもしれません。しかし、これは大きな誤解です。

むしろ、成長過程にある事業こそ、法人化のメリットを最大限活用できます。

私は元国税職員として20年以上にわたり10，000社以上の企業を分析してきました。その経験から、確信を持ってそう言えます。

例えば、法人化することで、経費として認められる範囲が大きく広がります。給与や役員報酬の支払い方を工夫することで、税負担を適切にコントロールすることもできます。

さらに、将来の事業拡大や資産形成を見据えた準備も、法人であれば柔軟に行えます。

私がお会いする経営者の方々を見ていると、税金の知識があるかないかで、手元に残るお金が大きく変わっています。中には、年間数百万円単位で損している方もいます。

特に「ひとり社長」の場合、税金対策の幅が広く、うまく活用すれば大きなメリットを得られるのです。

ある経営者の方は、**法人化して適切な税金対策を行うことで、手元に残る金額を年間３００万円以上増やすことができました**。これは特別なケースではありません。

税金の知識があれば、多くの方が同じように節税効果を得ることができるのです。

本書では、元国税の経験を活かしながら、現在はひとり起業家でひとり社長である私が、ひとり起業家が知っておくべき税金の知識と、具体的な節税方法をご紹介します。

決して難しい話ではありません。「知っているか、知らないか」それだけの違いで、あなたの手元に残るお金は大きく変わります。

経営における「攻め」と「守り」

野球やサッカーに攻撃と守備があるように、経営にも「攻め」と「守り」があります。

私が気になっているのは、多くのひとり起業家が「攻め」、つまり稼ぐことにばかり集中していることです。

確かに、稼ぐことは非常に重要です。特に起業初期は、収入がなければ話になりません。

しかし、スポーツと同じように、「守り」をおろそかにしていては、最終的に勝利することはできません。

いくら打線が強くても、投手が打たれ放題、守備陣がエラーばかりでは、勝利のチャンスは訪れません。同じように、経営においても「守り」、つまりお金を減らさない「節税」が極めて重要なのです。

そして、その「守り」の方法も、ひとり起業家に最適な、効率のよいものを選ぶべきです。本書では、このような効果的な「守り」の方法を多数紹介していきます。

ぜひ、この本であなたも賢い節税を学んでみませんか。

杉田健吾

目次

はじめに　2

第1章 ひとり法人のメリットはこんなにある

1 個人事業主が経費にできる範囲は狭い　16
2 個人と法人では経費にできる範囲がこんなに違う　21
3 知っておくべき税金の恐怖　25
4 法人と個人の税金の違い　31
5 法人と個人の「利益の考え方」の違いを知ることが節税への近道　35

6 そもそも法人って何？ 40
7 ひとり法人の実態とは 44
8 赤字でも法人を設立したほうがいい 48
9 ひとり社長のプライベートはどこまで経費にできる？ 52
10 月収100万円の事業を法人化すると税金はいくら減るのか？ 57

第2章 法人化のポイント

11 法人化するタイミングっていつ？ 64
12 法人を設立する費用はいくら？ 69
13 定款の「事業目的」の活用で、法人の節税メリットを最大化 77
14 副業こそ法人の設立をおすすめする理由 81

15 法人化をおすすめしない人 86
16 法人でもズボラでいい！ 90
17 会計の仕分けが面倒な人は税理士に頼んでもOK？ 95
コラム―ひとり起業家のための法人設立ガイド 102

第3章 節税の基本原則

18 意外と知らない節税の本来の目的 108
19 節税の基本的な考え方とは？ 114
20 節税には順番がある 118
21 節税は、社長が賢くなるしかない！ 128

22 特別な節税方法なんてない 132
23 「税の世界のグレーゾーン」を理解しよう 135
コラム―節税できても赤字じゃ意味がない 141

第4章 節税の実践法

24 社長の手元にお金を残す6選 148
25 月40万円、無税のお金が手に入る 152
26 店舗型ビジネスでも「旅費規程」は絶対に作っておきたい 158
27 「出張」の定義の仕方 162
28 会社を2つ以上設立する裏メリット 169

29 社長はなぜタワマンに住むのかがわかる「住宅規程」 176
30 社長に給料を出すと節税になる？「役員報酬」 182
31 分散の術で「役員報酬」を使ってさらなる節税 186
32 社長の給料を決めるコツ 192
33 社長のボーナスで社会保険を一気に節税 200
34 年商１，０００万円超なのに扶養に入れる 206
35 とにかく万能な「交際費」 210
36 １人でのカフェ利用は「会議費」としてＯＫ 216
37 英会話スクールや資格取得にかかる費用は「研修費」 221
コラム―ペットのエステも経費にできる？ 227

第5章 うっかり「脱税」をしないポイント

38 脱税と節税の違い 234
39 脱税がバレるとどうなる？ 238
40 脱税しないために気をつけたいワード① 「除外」 244
41 脱税しないために気をつけたいワード② 「架空」 248
42 現金売上の計上漏れを防ぐ 251
コラム 美容院代も経費にできる？ 256
おわりに 260

※本書は 2023 年に Kindle Direct Publishing から出版された以下 3 冊に新たな内容を追加して再編集したものです。
『これからの時代は1人で法人を作りなさい！』
『これからの時代、1 人社長は旅費規程をやりなさい！』
『あなたが 1 人で法人を作る理由』
※本書に掲載されている内容は 2025 年 1 月現在のものです。
※本書で示した意見・内容によって生じた損害等に対し、著者・版元は一切の責任を負いかねます。最終決定はご自身のご判断でお願いいたします。

第1章

ひとり法人のメリットはこんなにある

1

個人事業主が経費にできる範囲は狭い

節税を考える上で外せない「経費」、この経費の線引きについて頭を悩ませたことはありませんか？

「この支出は経費にできるのだろうか」「税務調査が来たらどうしよう」と不安に思う方も多いでしょう。

実は、サラリーマンや個人事業主の方が、大きな勘違いをしていることがあります。

それは、法人より個人のほうが、何でも経費にできるというイメージです。

副業をしているサラリーマンや個人で事業をされている方から、次のように聞かれることがあります。

「領収書があれば、何でも経費になりますよね」

「友達と3人で食事に行ったのですが、レシートがあれば経費でいいですよね。それとも領収書がないとダメですか？」

はっきり言います。どちらもダメです！

実は、**個人事業の場合、経費に認められる範囲は法人よりかなり狭いのです**。

「法人の方が、経費の基準が厳しいんじゃないの？」

この質問をするサラリーマンや個人事業主のみなさんのイメージは、「個人事業主なら、領収書さえあれば、何でもかんでも経費に入れられる」といったところでしょう。「個人だったら何でも経費にできて、法人になったら経費の基準が厳しくなる」「法人になったら、税理士から『この経費は何ですか？』と厳しく追及される」と思っている方が多いようです。

でも実際は、まったくもって逆なのです。

あなたが今、個人事業をやっていて、何でも経費にできているとしたら、それは、誰もチェックしていないからです。

税理士がしっかりチェックすると、個人事業で認められる経費は、かなり限定的です。

経費として認められる2つの条件

個人事業で経費に認められるためには、次の2つの条件をどちらも満たす必要があります。

・事業活動に「直接」関連していること
・事業活動に必要であること

しかも、これらの条件は、事業主本人の判断ではなく、客観的に誰が見てもわかるものでなければなりません。

要するに、第三者から見ても、「この支払いは、明らかにあなたの事業の売上を上げるために必要な支払いですね」ということが、わかるかどうかということです。

このような条件を考えた時に、先ほどの「友達と3人で食事に行ったんだけど、領収書があれば経費になるよね」という状況は、条件に当てはまるでしょうか？

普通は分からないですよね。だから、この場合は厳密にいうとアウトです。「領収書の裏には、事業に関係する『誰』と『何の目的で』行ったのかを書いておきましょう」なんてよく言われるのは、こういった理由があります。

個人事業はなぜ、経費の条件が厳しいのか？

個人が使うお金の中には、税務上、次の2つのお金があると考えられています。

- **事業に必要なお金**
- **私生活に必要なお金**

一見当たり前に思えるかもしれませんが、この区分が、実は経費計上を複雑にしている大きな要因です。

例えば、店舗兼自宅の水道光熱費などは、事業に必要な部分と私生活の部分とが混ざっていますよね。そんな時は、第三者が見て「この支払いは、明らかにあなたの事業の売上を上げるために必要な支払い」とわかるようにしなければなりません。

つまり、**事業用と私生活用を明確に区分して計算した結果をきちんと記録しておかないと、経費には認められない**ということです。

この仕組みのひどいところは、第三者から見て明確に区別されていないと、本当に事業に使った部分が混ざっていたとしても、全額経費として認められなくなるということです。

※ちなみに、個人用と事業用の両方で使っていて、切り離せないお金の使い道を「家事関連費（家事按分）」といいます。

2 個人と法人では経費にできる範囲がこんなに違う

法人になると、経費の概念はどう変わるのでしょうか？

まず、法人には「私生活の概念がない」ことを押さえておきましょう。

法人には法律上、「法人格」なるものが与えられています。

だから、法律上は人と同じ扱いを受けるわけですが、実際には人ではありません。そのため、法人には「私生活」という概念がないのです。

何が言いたいのか？

法人は人のような扱いを受けながら、人ではないので、法律上は、法人の活動には事業活動しかないとみなされています。

法人は事業活動しかしないのだから、家事按分という概念はなく、法人が使ったお金は、法人で使う理由さえあれば、基本的にすべて経費にしていいということになります。

つまり、**法人になるだけで、個人では認められなかった費用が、経費になってしまうのです**。

これは、なんと都合のいいことでしょうか。

個人と法人の経費計上の違い

ここでは、個人と法人の経費計上の違いを、具体例と一緒に見ていきましょう。

・美容院経営者の例

ある美容院経営者の梅田さん（仮名）は、個人事業主として活動していました。美容師という人前に立つ仕事柄、ジャケットなどの洋服に気を遣っていましたが、これらの費用を経費として計上することができませんでした。税理士も、税務調査の際に家事按分を求められる可能性があるため、経費として認めることに消極的でした。

梅田さんは、仕事に必要な衣服であっても、個人事業主では経費計上が難しいというジレンマに悩まされていました。

・起業支援プロデューサーの例
起業支援のプロデューサーとして活動する起業家の山田さん（仮名）は、法人として事業を行っています。彼女は税務調査の際、次のように説明しました。

「私たちの仕事は人前に立つ仕事です。起業プロデュースが仕事なので、動画の撮影がメインですし、そのコンテンツホルダー（先生）の価値を上げるのが仕事です。そのためには、私たちが着る洋服ってすごく大事なんです。だから、このクローゼットに並んでる高価な洋服は、すべて私にとっては、仕事の衣装なんです！」


驚くべきことに、この説明で高価な洋服の購入費用が経費として認められたのです。

さらに、税務調査官からは「いろいろ経費がかかって大変ですね」と同情の言葉まで掛けられたそうです。

個人事業主の場合、同じ説明をしても経費として認められる可能性は低いでしょう。この事例は、法人と個人事業主の経費計上の違いを如実に表しています。

例えば、2，000万円するフェラーリでさえ、法人名義で購入し、自社のビジネスに必要だと説明できれば、全額経費として認められます。

もちろん、実際に仕事で使用している証拠が必要ですが、個人事業主では考えられない範囲の経費計上が可能になるのです。

3 知っておくべき税金の恐怖

「はじめに」で、法人を作れば賢く節税できると紹介しました。

では、仮に個人事業主の場合、どのくらい税金として取られるのでしょうか。

利益1，000万円の所得にかかる税金は、年間370万円

起業家の多くが夢見る月収100万円。

しかし、その夢が現実となった時、思わぬ落とし穴が待ち構えています。

それは、想像を超える税金の支払いです。節税対策を怠れば、せっかく稼いだ収入の大半が国庫に吸い取られてしまう可能性があるのです。

利益が1,000万円出た時の個人事業主の税金

所得税	139万円
復興特別所得税	3万円
住民税	88万円
個人事業税	30万円
国民年金	20万円
国民健康保険	90万円
合計	**370万円**

ある日、私のもとに1人の起業家から質問が寄せられました。

「個人事業で利益（所得）が1，000万円くらい残りそうなのですが、税金等っていくらぐらいになるのですか？」

この質問に対し、厳密な計算をするには様々な控除を考慮する必要がありますが、ここでは簡易的な計算で概算を出してみましょう。

仮に、この起業家が独身で扶養家族がいないと仮定した場合、1，000万円の事業所得に対して支払うべき税金等は図のようになります。

なんと370万円にも達するのです。しかも、この金額には消費税は含まれていません。

税金等の内訳と計算方法

なぜこれほどの金額になるのか、詳しく見ていきましょう。

まず、1，000万円の事業所得から控除できる項目として、基礎控除、社会保険料控除、生命保険料控除などがあります。

これらの控除額の合計を仮に120万円とすると、課税対象となる所得（課税所得）は次のように計算できます。

・1，000万円（事業所得）－120万円（所得控除）＝880万円（課税所得）

この880万円の課税所得に対する所得税は、次のように計算されます。

・880万円（課税所得）×23％（税率）－63・6万円（控除額）≒138・8万円

これに加えて、次のような税金等の支払いが必要になります。

・復興特別所得税：所得税の2・1％
・住民税：課税所得の10％
・個人事業税：最大で事業所得の5％
・国民年金：月額16，980円（令和6年度）
・国民健康保険：おおよそ事業所得の10％

これらを合計すると、冒頭で示した370万円という金額になるのです。

1，000万円の事業所得に対して370万円の税金等を支払うということは、実に37％もの税率を課せられていることになります。

さらに、この1，000万円という所得を売上に換算すると、どの程度になるでしょうか。

例えば、コーチングやコンサルティング、セラピーなどの個人事業の場合、利益率は70%から80%程度と想定されます。

仮に利益率70%とすると、1，000万円の所得を得るには約1，400万円の売上が必要です。

利益率80%なら、1，250万円程度の売上が必要となります。

多くの起業家が目標とする「月の売上100万円」を達成し、年間1，200万円の売上を上げたとしても、370万円もの税金等を支払わなければならないのです。

これは高級車1台分に相当する金額です。

毎年このような金額を支払い続けられるでしょうか。

税金支払いの現実 - 終わりなき納税地獄

税金等の支払いが370万円に達するという事実も衝撃的ですが、さらに厄介なのは、**これらの支払いが年間を通じてバラバラに発生することです**。

時系列で見ていくと、その恐ろしさがよくわかります。

税金の支払いスケジュール（個人事業主）

3月15日まで	所得税139万円の納付
6月上旬	住民税の納付書が届く（88万円）
6月中旬	予定納税額の通知書が届く
7月	予定納税の1回目（所得税の1/3）
8月ごろ	事業税の納付書が届く（30万円）
11月	予定納税の2回目（所得税の1/3）
毎月	国民年金の支払い
年10回	国民健康保険の支払い

図のように、税金等の支払いは1年を通じて次々と発生します。

3月の確定申告で所得税を納付し、一段落したと思ったら、すぐに住民税の納付書が届きます。さらに予定納税、事業税と続き、その間にも国民年金や国民健康保険の支払いが毎月のようにやってきます。

この状況に直面すると、多くの起業家は「いつまで払い続ければいいんだ」「結局いくら払えばいいんだ」と途方に暮れてしまいます。まさに、税金の恐怖に怯える日々が始まるのです。

4 法人と個人の税金の違い

あなたの会社の実態が個人商店と同じだったとしても、税金の取り扱いが個人事業と法人ではまったく違ってきます。

事業内容が個人商店に毛が生えただけだったとしても、法人登記をした途端に個人事業主時代に支払っていた税金とは、違う税金を支払うことになります。

次の2点をまず押さえておきましょう。

・会社（法人）の利益に対して課される税金は「法人税」

法人は事業年度開始日から終了日までの1年間で得た利益（所得）に対して、法人税が課されます。法人の所得には社会保険料（厚生年金や健康保険料のこと）は課されません。

・個人事業主の利益に対して課される税金は「所得税」

個人事業主は1月1日から12月31日までの1年間で得た利益（所得）に対して、所得税が課されます。所得税以外にも個人住民税や国民健康保険料、国民年金も、この所得に対して課されます。

同じ業種でも個人と法人では税金の額が異なる

税金の種類が違うということは、同じ利益に対してでも課される税額は変わります。

例えば、あなたがコンサルティング事業を営んでおり、年商が1，000万円だとしましょう。

この事業を、あなたが個人事業としてやるか、法人事業としてやるかで支払う税金等の額がぜんぜん変わってしまうんです。

図のように、個人事業主と法人では税金の仕組みが大きく異なります。

個人事業主と法人の税金の違い

項目	個人事業主	法人
税金等の種類	所得税 ・7段階の税率が適用 （超過累進課税） ・所得が増えるほど税率が上がる ・最高で45%に！	法人税 ・税率は2段階のみ →所得800万円以下は15% →それ以上は23．2% ・最高でも23．2%まで
	復興特別所得税	地方法人税
	個人住民税	法人住民税
	個人事業税	法人事業税
	国民年金	厚生年金
	国民健康保険	健康保険
赤字の場合	ほとんど税負担なし	最低でも7万円の支払いが必要 （法人住民税の均等割）

では、個人と法人では、どっちが税金が安くなると思いますか？

結論をお伝えすると、**節税の知識を持っていて活用できる人は、法人の方が税金を抑えることができます。**

一般的に、年間利益（所得）が800万円〜900万円を超えると法人化した方が税負担を抑えられると言われています。しかし、実はこの金額はあくまでも目安に過ぎません。

なぜなら、法人には個人事業主にはない「隠れた強み」があるからです。

節税の知識の中で重要なことは、次

の7つです。これらを知っているか知らないかで、あなたの支払う税金が面白いくらいに変わってきます。

① 法人を自分の有利になるように設立する方法
② 旅費規程を賢く活用する方法
③ 役員報酬を賢く活用して、税金の最適化を図る方法
④ 社長のボーナスを活用して、社会保険料（税）を最適化する方法
⑤ 節税脳を鍛えて、経費の範囲を最大化する方法
⑥ 住宅規程を活用した自宅家賃や住宅関連支出の経費化
⑦ 福利厚生規程を活用したスポーツジムや家族旅行等の経費化

法人を作れば、この7つの方法を使って、最大限の節税をすることができます。

具体的な内容は、これからの章で紹介していきますので、ここでは「知識を正しく活用できれば、法人の方が税金が安くなる」というイメージを持ってみてください。

5
法人と個人の「利益の考え方」の違いを知ることが節税への近道

そもそも、個人と法人で税金の額が変わってくるのはなぜでしょうか。

その答えは「**個人と法人では利益（もうけ）の考え方が違うから**」です。

「利益（もうけ）」とは、売上から経費を差し引いた金額です。

税金は、「利益に対して何パーセント」と課されます。

「あなたは日本でビジネスをやって利益を得たんだから（儲けたんだから）、その利益に対して税金をちゃんと払いなさいよ」ということです。

売上から経費を差し引いた金額が利益であることとは、個人も法人も同じです。

しかし、「個人と法人では利益の考え方が大きく違う」ということ、これは、みなさんが知っているようで知らないことの1つです。それぞれの違いを紹介しましょう。

個人事業主の利益って？

「売上－経費＝利益」、

この利益が個人事業主の〝もうけ〟となります。

この利益（もうけ）に対して、先に税金＋健康保険料等が課されて、それを引かれた残りが個人の手元に入るのです。

そこから、個人的な生活費として、毎日の食事代、自宅家賃、車関係、旅行、保険、スポーツジム、健康診断等々、諸々の費用を払うことになるので、個人に残るお金がどんどんなくなっていくイメージです（39ページの図の左側）。

つまり、あなたが稼いだ「あなたの取り分」も利益となります。そして、**あなたの取り分も含めた利益に対してドカンと税金や健康保険料等が課されるのです。**

しかし、あなたが生活するためには生活費が必要です。そこで、この稼いだ利益から生活費として毎月30万円をもらうとします。

でも、この30万円を、あなたがもらおうがもらわまいが、あなたの稼いだ利益は減らない……。つまり、あなたが支払う税金は変わらない、ということなのですね。

実際、サラリーマンから個人事業主になった方に「あなたの取り分は経費にならないよ」というとすごく驚かれます。

法人の利益って？

これに比べ、法人になると「売上－経費＝利益」という考え方は同じですが、この経費の中に、法人独自の経費（個人だと経費にならなかった数々の支出）がかなり含まれます。

その1つが、社長であるあなたの取り分、いわゆる役員報酬（給料）です。

法人からしたら、社長であるあなたの取り分は「役員報酬」という経費になります。なぜなら、**個人とやってることは同じでも、法律上は「あなた」と「法人」は別物だからです**。つまり、社長であるあなたのお給料分、会社の利益（もうけ）は少なくなるんです。

ちなみに、この仕組みを賢く活用すると、「個人にも法人にも、利益がなくなって、なんと税金が発生しない！」なんていう面白いことが起きるのです。

法人独自の経費、つまり個人事業だと経費にならなかったあなたの生活の大部分の支出を、税金を払う前に法人の経費として支払えるようになるということです（図の右側）。

このように、法人を持っている人と持っていない人では、お金の流れが全然違います。その結果、法人でビジネスをやってる方が、稼いだお金をたくさん残せることになるのです。

お金の流れのちがい

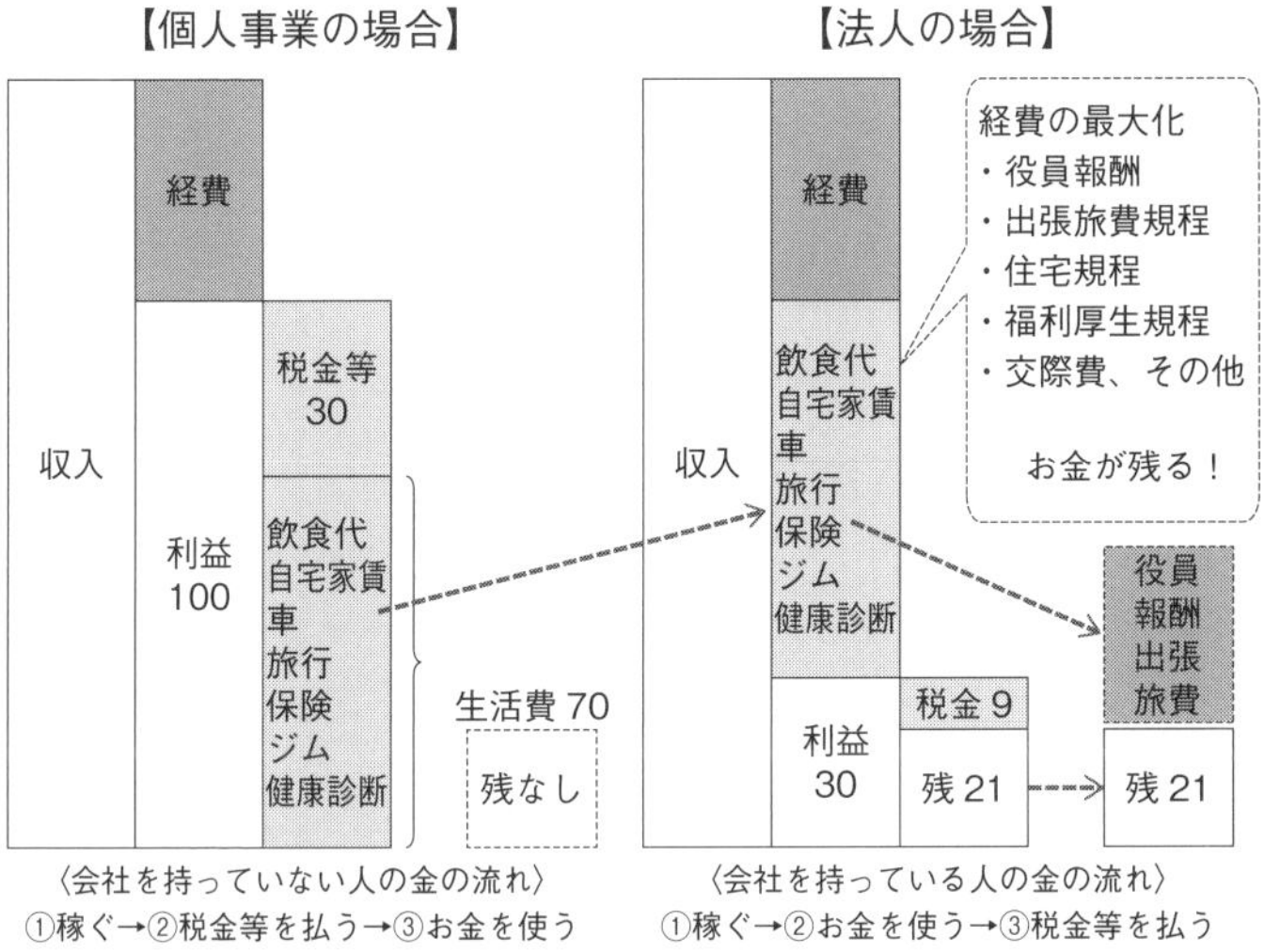
【個人事業の場合】
収入
経費
利益
100
税金等
30
飲食代
自宅家賃
車
旅行
保険
ジム
健康診断
生活費 70
残なし
〈会社を持っていない人の金の流れ〉
①稼ぐ→②税金等を払う→③お金を使う
【法人の場合】
収入
経費
飲食代
自宅家賃
車
旅行
保険
ジム
健康診断
利益
30
税金 9
残 21
経費の最大化
・役員報酬
・出張旅費規程
・住宅規程
・福利厚生規程
・交際費、その他
お金が残る！
役員
報酬
出張
旅費
残 21
〈会社を持っている人の金の流れ〉
①稼ぐ→②お金を使う→③税金等を払う

6 そもそも法人って何？

「法人」について、あなたはどのようなイメージを持っていますか？

多くの方が思い浮かべるのは、大企業の姿かもしれません。

毎日出勤して、上司からの厳しい指示に従い、膨大な資料作りに追われる。

日曜の夕方には「明日から会社か……」と憂鬱な気分になる。そんな光景を想像する方も多いでしょう。


しかし、本書で扱う「法人」は、そうした大企業とは少し異なります。

むしろ、「自分で作る法人」「社長ひとりの法人」「夫婦だけの法人」「家族だけの法人」といった、小規模な組織を指します。

これらの「小さな」法人は、実は日本の法人全体の大多数を占めています。多くの人が想像する大企業の姿とは異なり、より身近で、個人の事業に近い形態の法人なのです。

ここでは、法人の本質と、特に小規模な法人の実態について解説していきます。

法人の基本的な仕組み

法人の基本的な仕組みを理解するには、「株主（出資者）」と「経営者」という2つの役割を知る必要があります。

本来、法人は株主がお金（資本金）を出して設立し、その法人に社長などの役員を雇って（これを経営者といいます）、経営を任せる形をとります。

経営者は株主が出資した資金を使って事業を行い、利益を出して、その利益を株主に還元（配当）します。これが法人本来の役割であり、基本的には「お金を出す人（株主）」と「法人を経営する人（役員）」は分離しているものなのです。

しかし、興味深いことに、日本の法人の8割以上は、この「株主」と「経営者」が同一人物なのです。つまり、**お金を出す人と法人を経営する人が分離していない状態**です。

なぜこのような状況になっているのでしょうか？

その主な理由は、個人事業をそのまま法人化したケースが多いからです。個人事業主がその事業を法人化する際、自らが株主となり、同時に経営者となるのです。

結果として、日本の法人の多くは、本来の法人としての機能や役割を完全には果たしていないということになります。

実態は個人事業と変わらず、法人という名称を持っているだけの組織も少なくないのです。

個人事業と法人の違い

では、個人事業と法人の違いは何でしょうか？

実は、その違いは非常にシンプルです。

それは「**法人登記をしているかどうか**」だけなのです。

個人事業主がその事業を法人登記すれば、その事業がそのまま法人になります。事業の内容も、事業を行う人もまったく同じでも、法人登記さえすれば法人となるのです。

つまり、形式的には登記の有無だけが違いとなります。

この点を理解することは非常に重要です。多くの人は法人化を複雑で難しいプロセスだと考えがちですが、実際は思ったよりもシンプルなのです。

7 ひとり法人の実態とは

個人事業主が法人登記をして「ひとり法人」（ひとり社長の会社）になった場合、どのような変化が起こるでしょうか。

大前提として、**法人は誰でも作ることができます**。その気になりさえすれば、いまこの本を読んでいるあなたにも、すぐに法人を設立することができます。

事業の内容や事業をやってる人がまったく一緒でも、法人登記していれば「法人」となり、法人登記していなければ「個人事業」になる、たったそれだけです。

個人事業主が法人登記をして会社を設立することを、「法人成り」や「法人化」といいます。

法人を設立する人は、個人事業主だけではありません。サラリーマンから独立してすぐに法人を作ってもいいんです。

ちなみに、私はサラリーマンから独立してすぐに法人を作っています。事業をやってるのは私だけで、たった1人の会社です。

実態は、私がひとりで「個人で事業してる」のと何も変わらないのですが、ちゃんとお金を払って手続きをして、法人登記したので法律上は立派な法人なのです。

ひとり法人（ひとり社長の会社）の特徴

従業員を雇用せずに、その会社に所属しているのは社長1人だけの会社のことを「ひとり社長の会社」「ひとり法人」などと言います。私の法人も、ひとり社長の会社です。

ひとり社長の会社のほとんどが「株主＝社長」です。私ももちろん、自分の会社の株主です。株主も私、社長も私、実際に仕事するのも私なので、いいこと尽くしです。

自分のみなので、とても気楽に、他の役員や社員にまったく気を遣わずに、会社のお金を自由に使って楽しく仕事をして稼いでいます。

この「ひとり法人」という構造には、いくつかの大きな特徴があります。主な2つを次に紹介しましょう。

・①利益の扱い

「株主＝社長」のひとり社長の会社の利益は、基本的に社長の判断で使えます。

大企業であれば、利益は株主に還元しなければいけませんよね。だから、大企業の社長は「今期の利益はどうだ」といつも気にしています。赤字になってしまったら、株主から文句を言われかねないからです。

しかし、ひとり社長の会社であれば「株主＝社長」ですから、株主に報告するために、株主に文句を言われないようにするために、もっと言えば株主の利益をあげるためにあたふたする必要もありません。

・②会社のお金の使い方

「株主＝社長」のひとり社長の会社は、社長だけの判断で、会社のお金を比較的自由に使うことができます。

大企業であれば、会社のお金を1円でも使おうと思ったら、他の役員や社員にひたすら気を遣わないといけない、なんてこともあります。しかし、ひとり社長の会社であれば、気を遣う相手が社内にいないので、誰かに気を遣うことも気にすることも、まったくありません。つまり、とても自由に自分の会社のお金を経費として使えるのです。

事業としてやっていることは一緒だったとしても、法人か個人かというスタート地点が違えば、ゴールもまったく違ってくるという面白いことがおきます。

ひとり法人は、個人事業主と大企業や中小企業の中間に位置する事業形態です。

その実態は個人事業とほとんど変わらなくても、法律上は立派な「会社」として扱われます。この特性を活かすことで、個人事業主では得られない様々な可能性が開けるのです。

8

赤字でも法人を設立したほうがいい

「法人を作ったほうがお得だとしても、法人を作るならやっぱりそれなりの利益が必要なのでは？」、そう思う方もいるかもしれません。

多くの人は、会社は利益を出さなければ存在意義がないと考えるでしょう。

確かに、黒字経営が理想的であることは間違いありません。

しかし、驚くべきことに、**戦略的に大赤字を出すことが有効な場合があるのです**。

私のクライアントの中に、非常に興味深い戦略を取っている人がいます。

彼はまだサラリーマンで、副業としての事業からは一銭の売上も上げていません。

それにもかかわらず、彼は会社を設立したのです。

そして、起業のための情報収集、交流会参加、起業塾受講などの費用を次々と経費化し、自分の会社を大赤字に陥れています。

しかも、彼はその状況を喜んでいるのです。

「頭がおかしいのでは？」と思われる方もいるでしょう。

しかし実は、これは非常に賢明な戦略なのです。

大赤字でもいい理由「繰越欠損金」

「赤字をすべて会社の経費にできるの？」

「経費にしたら会社が大赤字になってしまうじゃないか」

そう思う方もいるかもしれません。確かに、彼の会社は「現在」大赤字です。

しかし、彼はニコニコしています。なぜなら、明確な目標と計画があるからです。

彼の目標は、1年以内に月収100万円を超えること。つまり、年収1，200万円以上を目指しています。

そんな彼の業種はコーチングです。利益率が驚異的に高く、80％以上は珍しくありません。

このような高収益ビジネスで大きな売上を上げれば、当然、大きな利益が出ます。しかし、それは同時に大きな税金も意味するのです。

具体的な数字で見てみましょう。利益率80％なら、年収1，200万円に対する利益は960万円です。これは確かに素晴らしい数字です。

しかし、ここで忘れてはならないのが税金の存在です。

利益（課税所得）が900万円を超えると、税金等で300万円以上を支払うことになります。

せっかく稼いだお金の3分の1近くが、税金として消えてしまうのです。

そのため、彼は売上がまだない今のうちから、せっせと経費を会社に貯めているのです（私はこれを「赤字貯金」といっています）。

これは「**繰越欠損金**」と呼ばれるもので、将来の大きな節税につながる重要な要素なのです。

◎会社の赤字は10年間繰り越せる

彼がこのような戦略を取る最大の理由は、**法人化すれば赤字を10年間繰り越せる**からです。つまり、10年以内に大きな利益が出たら、貯めておいた赤字と相殺できるため、税金を大幅に節約できます。

例えば、3年間で1，000万円の赤字を貯めておけば、4年目以降に1，000万円の利益が出た際に、その利益に対する税金をゼロにできる可能性があるのです。

個人事業主の青色申告でも3年間の繰越は可能ですが、法人なら10年間可能です。

この違いは、長期的な税金対策を考える上で非常に大きな意味を持ちます。

9 ひとり社長のプライベートはどこまで経費にできる？

できるだけ多くの費用を経費として計上したいものの、プライベートと仕事の境界線が曖昧で、税務署への説明に自信が持てず諦めているケースも少なくないでしょう。

しかし、もしそのすべてを経費にできるとしたら、かなりの節税効果が期待できるはずです。

ひとり起業家のプライベートの曖昧さ

「ひとり起業家」は文字通り、1人で事業を運営しています。

私の場合、人と会う時以外はほとんど1人で仕事をしています。みなさんの周りのひとり起業家も、同じような環境の方が多いのではないでしょうか。

1人で仕事をしていると、次のような状況になることがあります。

「家では集中力が上がらないし、オフィスに行くのも面倒……。気分転換に、行ってみたかったカフェに行ってみようか」

こういった状況で行う気分転換は、プライベートなのでしょうか、それとも仕事なのでしょうか。この判断は非常に難しいものです。

プライベートなら経費にはなりませんが、仕事なら経費になります。税金のことを考えると、できれば経費にしたいところですよね。

私の考え方は、「**ひとり起業家の行動にプライベートはない**」というものです。

つまり、すべてを仕事として捉えるのです。

例えば、気分転換でカフェに行く場合、それを仕事に絡めることができれば、堂々と経費として計上できます。この考え方を徹底することで、ほとんどの行動を仕事関連のものとして扱うことが可能になります。

プライベートを仕事に変換する裏技

現代のひとり起業家は、スマートフォン1台あればどこでも仕事ができます。

一見プライベートに見える行動でも、「カフェでリラックスしている時にアイデアが浮かぶ」「悩んでいた仕事の解決策を思いつく」「仕事の連絡をする」といった、仕事との関連性を見出すことができます。

しかし、プライベートと仕事の境界が曖昧な時間の費用を経費にするには、客観的に仕事をしていたことを証明する必要があります。

そこで有効なのが、SNSの活用です。

次のようにSNSを使うことで、プライベートを仕事化することができます。

1. 行った先々で写真を撮影

2. Facebookなどに投稿し、一言コメントを添える

3. 可能であれば、投稿の最後にメルマガなどへの誘導を入れる

これにより、ひとり起業家の行動のほとんどが仕事と結びつき、宣伝効果も期待できます。

SNSへの投稿が仕事になる理由を詳しく説明しましょう。

Facebookやブログへの投稿は、自身のブランディングのために行っているはずです。つまり、SNSへの投稿はひとり起業家にとって立派なマーケティング戦略なのです。

したがって、SNSに投稿することで、「1人でのカフェ」「1人でのランチ」「1人での気分転換」「1人でのショッピング」など、一見プライベートに見える時間も、すべて仕事として扱うことができます。

あらゆる場面を仕事に結びつけることが可能になるのです。

経費計上のために必要な証拠

様々な活動をブランディングに結びつけて仕事化することで、レシートの仕分けも簡単になります。すべてを仕事として扱い、経費に計上すればよいのです。

つまり、**「ひとり起業家にプライベートはない」という考え方が重要なのです。**

プライベートの時間も仕事と絡めて行動すれば、それは立派な仕事の時間となります。そのため、ひとり起業家はつねに「仕事モード」でいた方が得策なのです。

すべての支出を経費にしたいのであれば、「この支払いは経費になるだろうか」と考えるのではなく、すべてを経費化できるように逆算して行動しましょう。

売上目標を達成するために行動計画を立てるのと同じように、経費化したい支出についても、そのために必要な行動を逆算して計画を立てるのです。

ひとり起業家なら、すべての支出を経費にすることも不可能ではありません。

10 月収100万円の事業を法人化すると税金はいくら減るのか？

法人の節税メリットをここまで紹介してきました。
ここでは、具体例をつかって、税金がどのくらい減るのかみてみましょう。
結論からお伝えすると、半額以下にまで節税することが可能です。

個人事業・法人それぞれの税金負担

まずは、個人事業の場合の税金等の支払額を再確認しておきましょう。

個人事業主が独身で控除がほとんどない場合、1，000万円の事業所得に対して支払う税金等は図の通りで、370万円でした。

利益が1,000万円出た時の個人事業主の税金（課税所得880万円）

所得税	139万円
復興特別所得税	3万円
住民税	88万円
個人事業税	30万円
国民年金	20万円
国民健康保険	90万円
合計	**370万円**

では、この同じ1，000万円の利益を法人として得た場合、どのように変わるでしょうか。

法人化のメリットの1つは、個人事業主では難しかった様々な経費計上が可能になることです。

これにより、課税対象となる所得を大幅に減らすことができます。

具体的に見ていきましょう。

1．役員報酬の設定

まず、1，000万円の利益から役員報酬を支払います。例えば、次のように設定します。

・自分に月10万円（年間120万円）
・配偶者に月5万円（年間60万円）

※配偶者が経理事務や電話対応、スケジュール管理など、実際に法人の何らかの業務に従事し、その業務内容と労働時間に見合った金額であれば、月5万円程度の給与支払いは一般的に認められます。

この時点で、課税対象となる利益は、次のように減少します。

1，000万円－120万円－60万円＝820万円

なお、独身で配偶者がいない場合は、親に給料を支払うことも考えられます。

2．出張旅費の計上

次に、法人ならではの経費として出張旅費を計上します。月20万円の出張旅費を計上すると、年間で240万円の経費となります。

820万円－240万円＝580万円

3．その他の経費の拡大

法人では、個人事業主と比べて経費として認められる範囲が広くなります。

交際費やその他の経費として、年間100万円追加で計上できたとすると、最終的な課税対象となる利益は次のようになります。

580万円－100万円＝480万円

このように、法人化することで課税対象となる所得を480万円にまで圧縮することができます。

個人事業の場合の課税所得880万円と比べると、400万円もの差が生まれています。

つまり、課税所得を約半分に抑えることができたのです。

では、この480万円の課税所得に対して、実際にどれくらいの税金等を支払う必要があるでしょうか。次の図に、法人の場合の税金等の内訳を示します。

利益が1,000万円出た時の法人の税金（課税所得480万円）

法人税	89万円
地方法人税	3万円
法人住民税	17万円
法人事業税	17万円
厚生年金	21万円
健康保険	15万円
合計	**162万円**

このように、合計162万円となります。**これは個人事業の場合の370万円と比べて、208万円も少ない金額です。実に56％もの削減効果があるのです。**

さらなる節税の可能性

ここまでの計算でも、かなりの節税効果が得られることがわかりました。

しかし、これはあくまで基本的な方法を適用した場合の結果です。さらに工夫を重ねることで、より大きな節税効果を得ることも可能です。

例えば、出張旅費の金額を増やすことで、さらに課税所得を減らすことができます。

私の場合、出張旅費が月40万円を超えることもあります。これだけでも、年間で240万円の追加削減効果があります。

また、その他の経費をさらに見直すことで、追加で100万円以上の節税が可能になるケースも少なくありません。

第2章

法人化のポイント

11

法人化するタイミングっていつ？

「法人化するタイミングはいつがいいのか？」

これは、多くの起業家から寄せられる質問です。

法人化のタイミングについては様々な意見がありますが、私のおすすめは「**今すぐ**」です。確かに法人化にはデメリットもありますが、それを遥かに上回るメリットがあるからです。

一般的な法人化のタイミング

世間一般に言われている法人化のタイミングは、次のようなものです。

1．年商800万円以上になった時
2．利益が500万円～800万円になった時
3．スタッフが3人以上になった時

これらの意見の背景には、次のような考えがあります。

・法人設立時に約6万円～25万円程度の費用がかかる
・税理士への月額報酬が2～5万円程度必要になる
・法人になると、社長が会社のお金を自由に使えなくなる（社長も自分の法人から給料をもらって生活することになる）
・ある程度の収益がないと、法人化する意味がない

確かに、これらの懸念は理解できます。

法人にすると、赤字でも最低7万円の税金（均等割）を払わなければなりません。また税理士に依頼する場合は年間報酬として30万円～60万円ほど必要になり決算書の作

成や税務申告などについては、別途年間で10～20万円程度の追加費用も発生する可能性があります（なお、法人であっても税理士への依頼は義務ではなく、自身で経理や確定申告を行うことも可能です）。

このため、多くの専門家は「ある程度稼げるようになってから法人化すべき」と助言するのです。

しかし、私はこれらの一般的な見解をまったく無視しています。はっきり言って、このような認識では遅すぎると考えています。

私自身、独立したらすぐに法人設立に向けて動き出しました。なぜなら、法人の大きなメリットを理解していたからです。

法人化のメリット

これまでお話ししてきた様々な「技」を駆使できることを考えれば、法人化するメリットは非常に大きいと言えます。私自身、デメリットをほとんど感じません。

具体的に法人化するメリットを見てみましょう。

1. 利益が多いほど所得税より法人税の方が有利
2. 経費計上できる範囲が広くなる
3. 個人責任ではなくなる
4. 社会的信用が高まる

このように法人化することは、税金面だけでなく、責任の範囲や社会的信用においても有利になります。これらのメリットを考えると、個人で事業を続けていること自体がデメリットではないかとさえ感じています。

法人化すると、精神面でもよい変化が現れます。

例えば、法人化したことで自分の覚悟が定まり、やる気も高まります。「たまには経営数字も見てみようかな」「税金のことをちゃんと考えようかな」といった意識も生まれてきます。

結果として、経営者としての「守り」の能力が身についていくのです。

私の意見をまとめると**「どんどん稼いでいくつもりなら、さっさと法人化すべき」**ということです。

12 法人を設立する費用はいくら？

法人化のメリットを理解したものの、設立費用が高額なのではないかと躊躇している方も多いのではないでしょうか。

しかし、実際の法人設立費用は意外にも手頃な金額で済ますことができます。

株式会社設立の場合

まず、多くの人が想像する法人形態である株式会社の設立費用について見ていきましょう。株式会社設立に必要な基本的な費用は次の図の通りです。

これらを合計すると、24万2０００円となります。ただし、定款を電子化することで収入印紙代の４万円が不要になるため、最低でも20万2０００円で設立することが

株式会社設立にかかる費用

登録免許税	15万円
定款認証代	5万円
定款の謄本手数料	0.2万円
定款に貼る収入印紙	4万円
合計	**24.2万円**

可能です。

専門家に依頼する場合

設立手続きを専門家に依頼する場合、追加の費用が発生します。

1. 司法書士に依頼する場合

司法書士に依頼すると、書類作成から定款認証、法務局への設立登記申請まですべてを任せることができます。この場合、司法書士の手数料として5～15万円程度が追加で必要となり、合計で25万円～35万円程度の費用がかかります。

2. 格安の代行サービスを利用する場合

インターネット上の格安代行サービスを利用すると、手数料が1万円程度で済みます。この場合、合計で21万円程度で設立が可能です。ただし、公証役場や法務局への書類提出は自分で行う必要があります。

どちらを選択するかは、自分の時間を使うか、専門家の時間を買うかの判断になります。私の場合は、書類作成に抵抗がなかったため格安代行サービスを利用し、21万円程度の費用と、7日間という短期間で株式会社を設立することができました。

実際の設立経験

私の経験を具体的に紹介すると、1日目に代行サービスに依頼し、4日目には必要書類一式が手元に届きました。その後、7日目に公証役場と法務局に書類を提出し、わずか7日間で法人設立が完了しました。

さらに、利用した代行サービスでは、別途費用は必要でしたが、法人の印鑑も作成してくれました。書類への押印まで代行してくれたため、非常に手間が省けました。このようなサービスの充実も、代行サービスを選ぶ大きな理由の1つとなりました。

ただし、書類作成や役所への提出に苦手意識がある方や、時間的余裕がない方は、多少費用がかかっても司法書士にすべてを任せる方がいいでしょう。これは個人の状況や性格に応じて判断する必要があります。

合同会社設立にかかる費用

登録免許税	6万円
定款の謄本手数料	0.2万円
定款に貼る収入印紙	4万円
合計	**10.2万円**

合同会社設立の場合

株式会社よりもさらに安価に設立できるのが、合同会社です。合同会社は2006年に新設された会社形態で、出資者と経営者が一致していなければならないという特徴があります。

株主総会などを経ずに迅速な意思決定が可能であり、ひとり起業家の場合、この形態でも問題なく事業を行うことができます。

合同会社の設立にかかる基本的な費用は表の通りです。

合計で10万2000円となりますが、定款を電子化すれば収入印紙代が不要となり、6万2000円まで費用を抑えることができます。


専門家に依頼する場合も、株式会社よりも安価です。司法書士に依頼すると4万円程度の手数料が追加され、合計で10万円〜14万円程度となります。

また、格安の代行サービスを利用すれば、7万円程度で合同会社を設立することも可能です。

法人設立の実際

このように、法人設立の費用は意外にも安価です。

株式会社でも21万円〜30万円程度、合同会社なら7万円〜14万円程度で設立が可能です。

ただし、注意点として、会社設立には別途出資金（資本金）が必要となります。法律上は1円からでも設立可能ですが、一般的には10万円～１００万円程度の出資金を用意するケースが多いです。

これは会社の信用力に影響するため、ある程度の金額を設定することが望ましいでしょう。なお、出資金は設立後に自由に使用できるため、厳密には「費用」とは異なります。

法人設立のその他のポイント

法人設立時には、費用以外にもいくつか押さえておくべきポイントがあります。これらを理解しておくことで、将来的な節税にも有利に働くことがあります。

これらについては、次で簡単に紹介しておきますが、より詳しく知りたい方は専門家に相談することをおすすめします。

・事業目的を決める

法人の経費として認められる範囲を広げるため、事業目的には自分の趣味や家族の趣味なども含めて幅広く設定することがポイントです。これにより、会社のお金を使う正当な理由を作ることができます。

・本店所在地を決める

自宅、賃貸オフィス、レンタルオフィスなど、本店所在地の選択肢があります。自宅登記は費用を抑えられますが、レンタルオフィスを使えば一等地（銀座、青山、代官山など）に住所を構えられるメリットがあります。女性の場合、自宅を明らかにしたくない等の理由からレンタルオフィスを借りているケースも多いです。

・資本金を決める

資本金は1円から設立可能ですが、30万円や50万円などキリのいい金額が推奨されます。創業融資を受ける場合は、資本金額が小さすぎると融資額に制限がかかる可能性があります。

・株主（出資者）を決める

通常は社長が株主になりますが、相続対策として子供を株主に含めることも検討できます。合同会社の場合は出資が必要なため、役員にする予定の親族がいる場合は注意が必要です。

・役員を決める

基本は社長1名ですが、配偶者などの親族を役員にすることで所得分散による節税が可能になります。合同会社の場合は出資が必要な点に注意が必要です。

・決算期を決める

一般的な3月・9月決算を避け、11月～1月決算にすることで税務調査リスクを下げられる可能性があります。会社の繁忙期と重ならない時期を選ぶことも重要です。

13 定款の「事業目的」の活用で、法人の節税メリットを最大化

法人のメリットを最大限に活用するためには、会社設立時の工夫も実は重要です。

会社を設立する時には、定款（会社のルールを記載するもの）というものを作成して、その中に、事業目的を書きます。

事業目的とは、「この会社は事業として何をやるのか？」ということです。

この定款の事業目的に、自分の趣味や家族の趣味、将来的に展開したい事業などを幅広く記載しておくことで、**その事業目的のために、〝会社のお金を使う理由〟ができます。**

その結果、より多くの支出を法人の経費として計上できる可能性が高まるのです。

◎旅行情報サービス運営者の例

ある旅行情報サービスを運営する石川さん（仮名）は、法人を設立する際に「インターネットを利用した旅行・レジャーに関する情報提供サービス」を事業目的に加えました。

これにより、それまで経費にしづらかった旅行にかかる費用のほとんどを経費計上できるようになりました。

石川さんは、個人事業主として活動していた時は、旅行して得た情報をブログに掲載していても、その旅行費用を全額経費として計上することが難しかったそうです。

しかし、法人設立後は状況が一変しました。**旅行すること自体が仕事となったため、交通費、宿泊費、さらには現地での食事代まで、ほぼすべての費用を経費として計上できるようになりました。**

さらに、法人特有の出張旅費規程も活用できるようになり、節税効果が大幅に向上しました。石川さんは「法人を設立して本当によかった。以前は趣味と仕事の境界線で悩んでいましたが、今では思う存分旅行しながら、それを仕事として認めてもらえるのがうれしいです」と語っています。

カウンセラーの例

また、カウンセラーとして起業した福沢さん（仮名）の例も興味深いです。彼女の夫はカメラが趣味でしたが、法人の事業目的に「カメラの撮影に関する事業」を加えることで、高額なカメラ機材の購入を経費として計上できるようになりました。

福沢さんは当初、自身のカウンセリング事業のためだけに法人を設立する予定でした。

しかし、私のアドバイスを受けて夫の趣味も事業に組み込むことにしたのです。

その結果、夫婦で撮影に出かけることも仕事として認められ、出張旅費規程も適用できるようになりました。

福沢さんは「最初は半信半疑でしたが、法人を作って本当によかったです。夫の趣味だったカメラが今では立派な副業になっていて、家計の助けにもなっています。それに、一緒に仕事をすることで夫婦の絆も深まりました」と笑顔で語ってくれました。

このように、法人を設立することで経費計上の範囲が大幅に広がり、節税効果も高まります。さらに、思わぬところでビジネスチャンスが生まれる可能性もあるのです。

14 副業こそ法人の設立をおすすめする理由

近年、副業を行う会社員が急増しています。

その中には、本業と同等かそれ以上の収入を得ている人も少なくありません。

先日、ある方に「副業でいくらぐらい稼いでいるのですか?」と尋ねたところ、さらりと「500万円は超えるなあ～」と答えられたので驚きました。

私が「そこまで稼げるのなら副業のビジネスを法人化しないの?」と尋ねたところ、彼は驚いた様子で「えっ?　いやいや会社に勤めているのに法人にできるの?　ダメじゃないの?」と返答しました。

このような方こそ、副業として行っているビジネスを法人化することをおすすめしたいのです。

ここまで稼いでいなくとも、副業の利益が20万円を超える場合は、個人で確定申告をすることになります。今後、副業を大きくしていこうと思っている方なら、その時点で法人にしていいでしょう。

会社員でも法人設立は可能

多くの人は、「会社に勤めているのに法人にできるの？」と考えています。

実は、**会社員であっても法人を設立し、その会社の社長になることは可能です**。

法律上、複数の企業に勤めることや、別の会社で社長や取締役になることを禁じる規定はありません。

ただし、就業規則で副業を禁止している会社もあるため、事前に確認することをおすすめします。

社長の給与は0円でもOK

法人を設立する際、多くの人が「社長として給与を受け取らなければならない」と考えています。しかし、実はそうではありません。**社長の給与（役員報酬）は0円でも構いません。**

実は、世の中には給料をもらっていない社長がたくさんいます。例えば、会社を設立して事業が軌道に乗るまでは役員報酬を受け取らない経営者や、戦略的に役員報酬を0円に設定する経営者は少なくありません。

設立をおすすめする最大の理由：節税

法人設立をおすすめする最大の理由は、節税効果にあります。

本業の会社から給料をもらい、副業の会社からも給料（役員報酬）をもらっていたら、2箇所から給料をもらっていることになります。

その場合、本業の会社からの給料がかなり高額だとしたら、その給料に副業の給料が上乗せされて、結果として所得税がかなりの額になってしまいます。

所得税は「所得が多ければ多いほど税率が高くなる」という累進課税を採用しています。

つまり、給料が多ければ多いほど税金で持っていかれて、手元にはお金がそんなに残らないということになるのです。

また、個人の事業所得として副業の確定申告をしたとしても、これも同じ個人の所得税の範囲なので、結局は税金がかなり高くなって持って行かれてしまいます。

そこで私は**「いっそ法人を作って副業のビジネスを法人の事業としてしまう」「社長は給料をもらわなければいい」**というプランを提案しています。

この方法を採用すれば、賢くデザインすることで税金の最適化がかなりできてしまいます。つまり、トータルの税金をかなり節税できるということです。

しかも、法人化すると、個人よりも経費の範囲は大きく広がるという特典もありますし、私がおすすめする旅費規程や住宅規程等の社内規程を存分に活用することもできるようになります。

また、副業を続ける中で生まれる、起業塾の受講料、交流会の参加費、セミナー代。

法人化をしない場合、これらの支出はどこから出ているのでしょうか？

そう、会社員としての給料からです。

法人化すれば、これらの支出も経費にすることができるのです。

これは、確定申告の面倒さを差し引いても、十分なメリットとなるのではないでしょうか。

15

法人化をおすすめしない人

実は、私にも法人化を強くおすすめしない方がいます。それは、節税効果がすぐには表れず、事業継続の意思が弱い方です。

先日、起業して2年目に入ったばかりのひとり起業家と話す機会がありました。この方は現在、個人事業として活動されています。法人化に非常に興味があり、質問も熱心にされました。

しかし、売上がまだ安定しておらず、起業塾にもたくさんお金をかけているとのことでした。その結果、正直なところ利益はほとんど出ていない状態です。

このような場合、法人化したとしてもその効果はすぐには表れません。むしろ、赤字が増えるだけでしょう。

第1章でお伝えしたように、法人の場合、赤字を10年間繰り越せるため、3年後、5年後に事業が軌道に乗って利益が出始めた時に、過去の赤字と相殺して大きな節税効果を得られる可能性があります。

しかし、この方の場合、まだ事業を続けていく覚悟が定まっていない様子でした。「とりあえずやってみて、うまくいかなければ辞める」という考えもあるようです。そうなると、せっかくの赤字繰越のメリットも活かせません。

そのため、私はこの方には法人化をおすすめしませんでした。

また、一般的に次のような場合も、法人化による節税メリットは限定的です。

・年間売上が200万円未満の場合

（ただし、事業を3年以上継続する強い意志があり、将来的な成長を見据えている場合は例外です）

・事業規模の拡大に意欲がなく、現状の収入レベルで満足している場合
（この場合、法人化による管理コストが利点を上回る可能性が高いです）

このような状況では、法人化のコストと手間を考えると、個人事業主のままでも十分な場合があるからです。

一方で、サラリーマンから独立するなど前年に年収がそれなりにあった方は、大きく節税になります。

なぜなら、個人事業主が入る国民健康保険は、前年の年収で保険料が決まるからです。

つまり、独立後に所得が無かったとしても、退職した年と翌年は多くの保険料を支払わなければなりません。

しかし、法人にして社会保険に加入すれば、その時の収入（自分の給料のこと）に合わせて保険料が決まります。そのため、独立直後の収入、つまり自分の給料を少なく設定しておけば、社会保険料の毎月の支払いをかなり抑えることが可能です。

このように、年収がそれなりにあった方は法人にすることのメリットが大きいです。

しかし、**事業継続の意志が弱く、「様子を見ながら」という方では、即効性のあるメリットがあまりありません。**

そのため、そうした方には、私もあまり法人化を急いでおすすめしていないのです。

16

法人でもズボラでいい！

ここまで、法人にすることで、経費の範囲が大幅に広がることを紹介しました。

しかし、ここで新たな問題が浮上します。それは、経費にする時の仕訳入力の手間です。

すべてを経費にできるようになると、次に面倒に感じるのがレシートや領収書の整理でしょう。

今回は、この問題を解決する簡単な仕訳方法について紹介していきます。

領収書の簡単な整理方法

私が実践している「ズボラ会計」の手順は次の通りです。

1. 支払いの都度、レシートか領収書をもらう
2. もらったレシートや領収書を経理用の袋に放り込む
3. 週に1回程度、まとまったレシートを会計ソフトに入力
4. 入力済みのレシートに赤ペンでチェックを付ける
5. 入力したレシートは再び経理用の袋に戻す
6. 月末に、入力済みのレシートをまとめてホッチキスで止める
7. レシートを月別にして、Ａ４サイズの40ポケット程度あるクリアブックに保管

この方法なら、毎週5～10分程度で済むので、ズボラな私でも簡単に続けられます。

レシートや領収書は日付順などの整理は基本的にしません。大きさもバラバラなレシートや領収書を、適当にまとめてホッチキスで止めるだけです。

正直、入力済みのレシートを再び見ることはほとんどないからです。

このようなやり方で、何年も法人を運営しています。

勘定科目をパターン化して簡単に

週1回の経費入力時に勘定科目で悩むのは時間の無駄です。

私はズボラ会計を実践しているので、勘定科目もパターン化しています。

主に使用している借方科目5つを図にまとめました。

借方科目のパターン化

科目	内容
1. 会議費	カフェ、ランチ、1万円以下の懇親会費用など
2. 交際費	1人1万円を超える懇親会費用
3. 旅費交通費	社内規程に基づいて計算した一定額
4. 備品・消耗品費	オフィスで使用する備品など
5. 研修費	研修費：セミナー参加費など

私のようなコンサル業の場合、商品の仕入れ販売はないので、これくらいの科目で十分です。

また、貸方科目はすべて短期借入金（社長借入金）を使用します。個人事業主の場合は事業主借になります。

現金勘定ではなく短期借入金を使う理由は、日々の現金管理が大変になるのを避けるためです。また、経理仕訳も煩雑になるので、すべての支払いをポケットマネーか個人のカードで行い、レシートか領収書をもらっておきます。

領収書をもらい忘れた場合は、メモ書きで済ませることが多いです。

このように、毎週の作業は1週間分のレシートや領収書をまとめて、すべて短期借入金（社長借入金）として会計ソフトに入力するだけです。

手数料などが引かれたものは、金額も知れているので無視することもあります。細かいことを入力するよりも、時間の方が大切だと考えています。

私のやり方は、これを単純に繰り返すだけです。簡単でしょう?

負のスパイラルに陥らないためにズボラ会計

経理が苦手な人は、非常に厳密に入力しなければいけないと思いすぎています。その結果、経理作業をほったらかしにしてしまい、1年分をまとめて入力しなければならなくなります。一度に大量の処理をしなければならなくなると気が重くなり、さらに経理への苦手意識が強くなっていきます。

このように、最初から完璧を目指すと、負のスパイラルに陥りがちです。だからこそ、**最初はズボラ会計で始めましょう**。慣れてくれば、「こんなに簡単なんだ」と感じるようになるはずです。

17 会計の仕分けが面倒な人は税理士に頼んでもＯＫ？

前項で紹介した方法でも十分簡単だと思いますが、「週1回の入力が大変」「できれば誰かに任せたい」という声も聞こえてきそうです。

そんな方は、思い切って税理士に依頼するのも1つの選択肢です。

税理士によって異なりますが、入力作業も含めて全部任せると、月額3万円～5万円程度でやってくれるところが多いです。

経理代行会社を利用すれば、月1万円以下でサービスを受けられるところもあります。

資金的に余裕があるなら、この方が効率的かもしれません。もちろん、税理士への報酬も経費になります。

税理士に頼むメリット・デメリット

税理士に頼むメリット	税理士に頼むデメリット
・資金繰りの把握 ・正確な財務資料の作成 ・銀行や親会社、行政向けの書類作成 ・税金に関する分かりやすい解説 ・節税アドバイス ・税務調査への立ち会い	・費用がかかる ・厳しいチェックが入る ・打ち合わせに時間を取られる

税理士に依頼するメリットとデメリットを、簡単に図にまとめました。

メリットを考えると、このように手間のかかる仕事を任せることで、本業に専念できるようになります。

デメリットを考えると、私のズボラ会計の考え方と、税理士の考え方にはズレがあることがあります。そのため、「この経費は個人的なものではないか」と厳しく指摘されることもあるでしょう。

税理士に頼まない理由

私の考え方は、できる限り多くのものを経費化することを目指しています。

基本的にはほとんどを経費として計上しておき、万が一税務調査が入って認められない費用があったとしても、その時点で修正すればいいという考えに基づいています。

一般的に税理士は、次のような目標を掲げて業務を行っています。

・税務調査の対象にならないように徹底的な管理を行う
・税務調査が入った場合でも追加徴収を避けるため、厳格な会計処理を心がける

私は元国税として、税務調査の実態を熟知しています。その経験から言えるのは、**そこまで神経質になって会計処理を行う必要はない**ということです。

法人の場合、基本的には年間売上が5，000万円程度を超えない限り、税務調査の対象になることはほとんどありません。

ひとり社長で年商2，000万円程度の小規模法人が調査対象として選ばれることは、極めて稀なケースだと言えます。

もちろん、売上規模が小さくても、明らかに不自然な会計処理や怪しい点があれば調査対象として選定されることもあります。

しかし、そのような小規模法人の場合、ベテランの調査官が担当することは少なく、多くは新人調査官の研修の場として活用されます。

実際の調査期間も2日間程度と限られているため、何年分もの帳簿や証憑を細部まで調べ上げることは物理的に不可能なのです。

また、仮に税務調査が入ったとしても、調査官は主として売上の計上漏れや給与の不当な操作など、より悪質な脱税に近い大きな項目を重点的にチェックします。日々の小さな経費については、明らかに私的な支出と判断できるもの以外は、それほど厳密な調査は行われない傾向にあります。

このような実態を踏まえると、月額3万円以上もの費用をかけて厳格な税理士に依頼し、税務調査以上に厳しいチェックを受けた上で多額の税金を支払うくらいなら、自分で会計処理を行い、万が一の税務調査で認められない費用が見つかった時に修正する方が、はるかに合理的な選択だと考えています。

実際、会計ソフトは日々進化しており、慣れてしまえば10分程度で日々の仕訳入力は完了します。さらに、自分で会計処理を行うことで、売上や経費の推移をリアルタイムで把握でき、経営感覚も自然と磨かれていきます。

税理士に支払う月額3～5万円を節約すれば、年間で36～60万円の資金が手元に残ります。この金額があれば、事業拡大のための投資や、自身のスキルアップにも有効活用できるはずです。

以上のような理由から、私は特に小規模法人を経営されている方々に対して、税理士に過度に依存しない「ズボラ会計」をおすすめしているのです。

個人も法人も経理作業に変わりなし

ここまで経理の実務的な話をしてきましたが、ひとり起業家の方は気づいたでしょうか？

ひとり起業家の場合、ビジネスを個人で行っても法人で行っても、日々の事務作業はほとんど変わりません。

法人化することで難しくなるのは、決算と申告だけです。ただし、この部分だけを税理士に依頼することも可能です。

相場は10万円〜15万円程度なので、年間40万円から60万円払うよりはかなりお得です。

それでも高いと感じる場合は、会計ソフトを使えば決算書は比較的簡単に作成できます。申告書の作成も、決算書さえできていれば（完璧でなくても）何とかなります。

税務署をうまく利用する

決算書を持って税務署に行けば、申告書の作成方法を無料で丁寧に教えてくれます。

担当者によって多少の違いはありますが、基本的には親切です。無料なので、利用しない手はありません。

税務署は怖いイメージがあるかもしれませんが、実際はそうでもありません。いい担当者に当たれば、かなり詳細なポイントまで教えてくれます。

税務署で話を聞くと、実はかなりいい加減な申告書でも問題ないことがわかります。つまり、ある程度のズボラ会計でも大丈夫なのです。

税務調査を恐れるよりも、積極的に税務署を利用する方が賢明です。

コラム―ひとり起業家のための法人設立ガイド

法人設立は複雑に見えますが、手順を踏めば意外とスムーズに進められます。ここでは、ひとり起業家が法人を設立する際の主なステップをご紹介します。

① 会社設立準備（基本事項の決定）

まずは会社の設立にあたって9項目を決めましょう。

1、設立日
2、会社形態（株式会社か合同会社か）
3、会社名（商号）
4、事業目的
5、本店所在地
6、資本金額
7、株主（出資者）
8、役員構成

会社設立の流れ

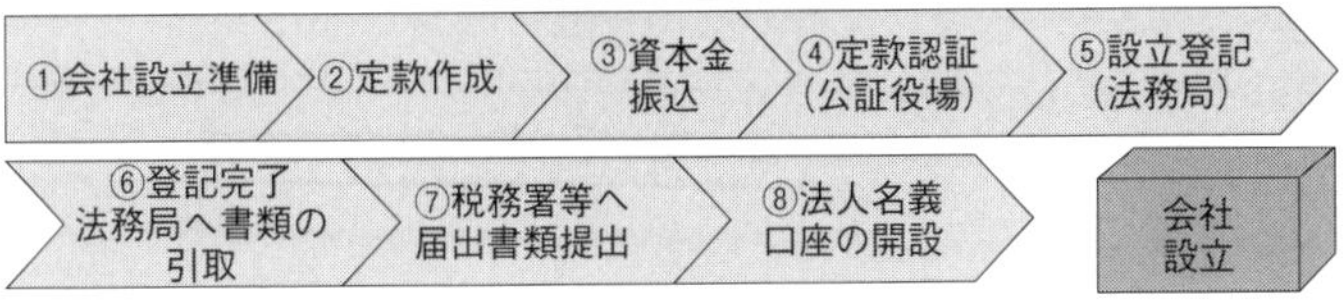

9、決算期

などです。特に事業目的は将来の経費計上にも関わるので、幅広く設定しておくといいでしょう。

②定款作成と④定款認証

会社の基本ルールを定める定款を作成します。株式会社の場合は公証役場での認証が必要ですが、合同会社では不要です。

この定款の作成が一番大変な部分です。なので、ここは無理して自分でやろうとせずに、最初から格安のオンラインサービスを利用することをおすすめします。

私の場合は、格安のオンラインサービスを利用して、①~⑤までを書類作成も含めて1週間ほどで完了しました。格安サービスなので、各役所への書類の提出等は自分で行う必要はありますが、法人設立する手順がマニュアル化されていますので、そのマニュアルに従えば素人でも簡単に設立できるようになっています。

③ 資本金振込

決めた資本金を出資者のうちの誰かの個人の銀行口座に入金します。入金記録が確認できれば、すぐに引き出して会社設立の費用に充ててもＯＫです。

⑤ 設立登記

法務局に必要書類を提出して、会社の設立登記を行います。この日が正式な会社設立日となります。

⑥ 登記完了、法務局へ書類の引取

法務局に提出した書類に問題がなければ、提出から1週間程度で設立登記が完了します。これで、晴れてあなたの法人が設立となります。

⑦ 税務署等へ届出書類提出

設立登記完了後、税務署や年金事務所、市役所などに各種届出書を提出します。社会保険への加入手続きも忘れずに。

⑧ 法人名義口座の開設

最後に、会社名義の銀行口座を開設します。最近は審査が厳しくなっているので、早めに準備を始めましょう。ただし、どうしても法人口座の開設が遅れる場合は、しばらくは代表者の個人口座を法人口座用として使用していても問題はありません。

※全体のポイント

・定款の中で定める事業目的は、将来の経費計上の範囲に影響するため、できるだけ幅広く設定しましょう。

・専門家（司法書士）に依頼するか、格安のオンラインサービスを利用するか、自分で行うか、コストと手間を考慮して決めましょう。

・社長の給料（役員報酬）は設立から3ヶ月以内に決定する必要があります。社会保険料との兼ね合いも考慮し、あまり高く設定し過ぎないように注意しましょう（第

4章で詳しく紹介します）。

法人設立は大変そうに見えますが、1つずつ着実に進めれば、思ったより早く完了できるものです。まだの方は、ぜひチャレンジしてみてください！

第3章

節税の基本原則

18

意外と知らない節税の本来の目的

突然ですが、あなたは節税が好きですか?

この質問に対して、多くの方が「そりゃ好きでしょ」と答えるのではないでしょうか。確かに、うまく節税できると嬉しいものです。

しかし、なぜ節税できると嬉しいのでしょうか。単に税金を納めなくて済むからでしょうか。

ここで重要なのは、節税の本来の目的を理解することです。この理解が不足していると、あなたの節税が間違った方向に進み、手元にお金が残らず、事業の拡大が遅れてしまう恐れがあるのです。

誤解されがちな節税の目的

多くの人は「節税の目的は税金を減らすこと」だと考えています。
確かに、少しでも税金の支払いを減らしてお金を節約することは節税の一面です。
しかし、これは節税の本質ではありません。

時々、税金を減らすことばかりに目が行って、節税の本来の目的を見失ってしまう人がいます。その代表例が「税金を払うくらいなら経費でバンバンお金を使ってしまおう」という考え方です。これは大きな間違いです。

例えば、あなたのビジネスで100万円の利益が出たとします。これをそのまま申告すると、約30万円が税金として徴収され、手元に残るのは70万円程度になります。ここで「30万円も税金で持っていかれるなら、経費で使ってしまおう」と考えてしまう人がいます。必要以上にパソコンを購入したり、まだ使える車を買い替えたり、過剰な接待をしたり、といった行動をしやすくなるのです。

確かに、このようにして利益を経費で相殺すれば、30万円の税金は払わなくて済みます。

しかし、同時にあなたの手元から100万円が出ていってしまうのです。これは決して賢い節税とは言えません。

正しい節税の考え方

節税の本来の目的は、手元に資金を残すことです。

100万円の利益があった時、30万円の税金を払っても、70万円は手元に残ります。この70万円を次の事業拡大のために使うことができるのです。

一方、税金を払わないために不要な経費を作ってしまうと、確かに税金は払わなくて済みますが、手元にお金が残りません。これでは事業を拡大することはできません。

ここをくれぐれも勘違いしないでください。

節税という甘い言葉に騙されないために

ビジネスが少し軌道に乗ると、次のように様々な節税の話が耳に入ってくるようになります。

・特定の金融商品購入による節税
・保険加入による節税
・高級車購入による節税
・賃貸アパート建設による節税
・海外不動産投資による節税
・タックスヘイブンの活用

これらの節税方法には、一見魅力的に見えるものもあります。しかし、「節税」という甘い言葉に騙されないよう注意も必要です。

節税の本来の目的は、それを実行した結果、トータルで手元のお金が増えることです。

節税を検討する際は、冷静になって考えることが大切です。その節税方法は本当に手元にお金を残すものなのか、よく吟味してください。そして、自分で理解できないものには手を出さないのが賢明です。これが節税の基本原則です。

賢い節税のための5つのポイント

正しい節税を実践するために、次の5つのポイントを押さえておきましょう。

1．手元に資金を残す……節税の最終目的は、事業に使える資金を確保することです。

2．不要な支出を避ける……税金対策のための無駄な支出は避けましょう。

3．事業の成長につなげる……節税は事業の成長を支援するものでなければなりません。

4．法令を遵守する……脱税と節税はまったく別物です。つねに法令を遵守しましょう。

5．長期的な視点を持つ……一時的な節税効果だけでなく、長期的な事業の成長を考えましょう。

これらのポイントを意識しながら節税戦略を立てることで、あなたのビジネスはより健全に、そして力強く成長していくことができるでしょう。

19

節税の基本的な考え方とは？

節税の基本を一言で表すなら、「**いかに経費を『賢く』増やすか**」ということになります。

ここで強調したいのは「賢く」という点です。

単に経費を増やすだけでは、むしろ事業にとって有害な場合があります。

税金を払いたくないという思いから、必要以上に支出を増やしてしまう起業家が少なくありません。

しかし、これは節税ではなく浪費です。**浪費は事業資金を減らし、長期的には経営を圧迫する要因となります。**

確かに、潤沢な資金を持つ企業であれば、決算期に合わせて一定の支出を増やすことも戦略として考えられます。

しかし、多くのひとり起業家にとっては、そのような余裕はないでしょう。

会社の資金の流れを正確に把握していないと、表面的な利益に惑わされて不要な支出をしてしまう危険があります。「このままでは税金の支払いが多くなる」という理由だけで支出を増やすと、実際の手元資金が不足し、資金繰りが悪化する可能性があるのです。

節税の基本として最初に取り組むべきは、新たな支出を作ることではありません。むしろ、「**既に発生している支出をいかに経費として認識するか**」という点に注目すべきです。

つまり、日常的に発生する支出を、いかにしてビジネスに関連付けるかが重要なのです。

例えば、自宅の一部を事務所として使用する場合、適切な規程を設けることで家賃の一部を経費化できる可能性があります。

税理士任せでは真の節税は実現できない

支出を経費と関連付ける作業は、経営者自身が取り組むべき課題です。税理士にすべてを任せると、次のような問題が生じる可能性があります。

- 「これはダメ」「あれもダメ」と、過度に厳格な判断により、本来経費化できる項目が認められない
- 逆に、安価な税理士サービスでは提出されたすべての領収書をノーチェックで全部経費計上されてしまう

どちらの場合も、経営者自身が節税に関する理解を深める機会を逃してしまいます。税理士の役割は適切な会計処理と申告書の作成であり、積極的な節税策の提案では

ないことを理解しておく必要があります。

節税脳を鍛える重要性

ひとり起業家こそ、税金を賢くデザインできる立場にあります。そのためには、「節税脳」を鍛えることが重要です。

「節税脳」とは、日々の事業活動の中で、どのような支出が経費として認められるか、またどのようにすれば経費として認められるようになるかをつねに考える習慣のことです。

この節税脳を鍛えるためには、次のような取り組みが効果的です。

1．税法や会計に関する基礎知識を身につける
2．日々の支出を細かくチェックし、経費化の可能性を検討する
3．他の起業家との情報交換を積極的に行う
4．税理士や会計士との対話を通じて、専門的な知識を吸収する

20

節税には順番がある

実は、効果的な節税には順番があり、その順番を理解し実践することで、より大きな節税効果を得ることができるのです。

節税の順番（優先順位）は、次のようになっています。

それでは、これらの順番に沿って詳しく見ていきましょう。

1．法人を設立して、経費の範囲を最大化させる

ここまでも紹介してきたように、法人を設立することで、個人事業主では経費にできない多くの項目を経費として計上できるようになります。次に代表的なものを紹介します。

・定款の事業目的の活用

会社設立時に定款に記載する事業目的を幅広く設定することで、経費計上の可能性を広げることができます。例えば、将来的に展開したい事業や、自分の趣味に関連する事業などを含めておくことで、それらに関連する支出を経費として認識しやすくなります。

自分が今まで私生活でお金を使ってきたことを事業目的に記載することで、その事業目的のために会社のお金を使う〝理由〟ができるのです。

・旅費規程の活用

「旅費規程」とは、会社の役員や従業員が出張する際の費用に関する社内規定のことです。後述しますが、法人化することで旅費規程を導入し、大きな節税効果を得ることができます。

・役員報酬（給料）の活用

法人化することで、社長の給料を経費として計上できるようになります。これも後で詳しく説明します。

・社宅の活用

自分が住む住居を法人名義で借りて社宅にすることで、家賃の大部分を法人の経費にすることができます。個人事業では住居部分は経費にできませんが、法人になって社宅制度を活用すれば、家賃の90％程度を経費にすることもできます。

・福利厚生の活用

社員旅行、忘新年会、健康診断、スポーツジム等の支払いを経費にできます。

・交際費の活用

法人の交際費の範囲は、個人に比べてかなり広くなります。

2. 経費として社長の財布にお金を残す

これは「お金の出ていかない節税」と呼ばれるもので、法人側では経費になるにもかかわらず、そのお金が社長の手元に残るという特徴があります。

先ほど出てきた「旅費規程」は、この「お金の出ていかない節税」の代表例です。出張旅費に含まれる交通費、宿泊費、出張手当（日当）は給与として扱われず、税金がかかりません。

役員報酬（給与）も、法人では経費になりますが、社長に支払われるという点で旅費規程と似ています。ただし、役員報酬の金額が高すぎると個人の所得税が増えてしまうため、適切な金額設定が重要です。

例えば、社長の給与を抑えつつ、家族にも給与を分散して支給することで、所得税をほとんどかからない状態にすることができます。

また、退職金も活用することができます。

退職金は個人（個人事業主本人、専従者）には認められていませんが、法人であれば将来的に活用できます。法人の経費として計上しながら、自分の手元に有利にお金を移すことができる方法です。

3．売上を上げるための費用を経費にする

これは「先行投資型の攻めの節税」と呼ばれるもので、将来の売上（収入）を増やすために先に支出する費用を経費として計上する方法です。

具体的なものを見ていきましょう。

・広告費

例えば、1，000万円の広告費をかけてメールマガジンの登録者1万件を獲得したとします。この広告費は即座に経費として計上できます。翌期以降、そのリストを

活用して売上を上げていけば、先に落とした広告費が大きな節税効果を生み出すことになります。

・収益不動産の購入

例えば、1億円の1棟アパートを頭金1，000万円、銀行融資9，000万円で購入した場合、ほとんど他人のお金で買った不動産に対して減価償却費という形で経費を作り出すことができます。

4．税金の発生するタイミングを賢くコントロールする

これは「繰延型の守りの節税」と呼ばれるものです。支払った時に全部または一部が経費になるものの、後日売却や解約時に利益が発生する、いわゆる利益の繰り延べ効果のあるものです。

・減価償却費

減価償却とは、会社が購入した資産（車や機械など）の価値が、時の経過とともに減っていく分を費用として計上できる制度です。

簡単に言うと、高額な資産を購入した時に、その金額を一度に経費にするのではなく、何年かに分けて少しずつ経費計上できる仕組みです。

４００万円の車を新車で購入した場合
・法定耐用年数は６年
・１年あたりの減価償却費＝４００万円÷６年＝約66万円

この66万円を毎年経費として計上できます。

実際の支払いが年間20万円のローンだったとしても、66万円を経費にできるため、その差額分が節税につながるのです。

では、中古車を活用した具体的な節税方法を見てみましょう。

4年落ちの車（新車価格600万円）を400万円でローン購入する場合
・年間のローン支払額が96万円（月8万円）
・車の法定耐用年数は6年ですが、すでに4年が経過しているため残り2年
・1年あたりの減価償却費＝400万円(耐用年数2年の場合は償却率100%)

この場合のポイントは、次のとおりです。
・実際の年間支払額：96万円
・減価償却費として計上できる金額：400万円
・差額の304万円分が追加の経費として認められる

つまり、中古車を賢く活用することで、実際の支払額よりもずっと大きな金額を経費として計上でき、税金の発生するタイミングを賢くコントロールすることが可能となるのです。

・中小企業倒産防止共済（経営セーフティ共済）

掛け金（最大月20万円、年間２４０万円まで）を支払った時に全額経費にできます。40カ月以上掛け続けると解約しても掛金の全額が戻ってくるため、実質的に毎月20万円を貯金しているのと同じですが、それが経費になり節税効果があります。

ただし、解約して戻ってきたお金は収入（利益）になるため、その時に税金がかけられます。実質の節税効果はありませんが、税金がかけられるタイミングをコントロールできる意味で、繰延型の節税と言われています。

・生命保険

生命保険の掛け金は全額が経費にはなりませんが、一部が経費になり、後から返戻を受けることができるものがあります。

5．税金に持っていかれる前に、賢く贅沢して、経費にする

これは純粋な節税というよりは、税金で持っていかれるくらいなら、必要なものを購入したり旅行に行ったりして贅沢することを指します。賢く経費になるように使う必要があります。

ただ、経費になるからといって予算を超えて使い過ぎると、かえって資金繰りを悪化させる可能性があるので注意が必要です。「これだったら税金を払ってでもお金を残しておいた方がよかった」ということにならないように気をつけましょう。

節税の順番

1．法人を設立して、経費の範囲を最大化させる
2．経費として社長の財布にお金を残す （旅費規程、役員報酬、退職金など）
3．売上を上げるための費用を経費にする （広告費、収益不動産の購入など）
4．税金の発生するタイミングを賢くコントロールする （減価償却費、生命保険等）
5．税金に持っていかれる前に、賢く贅沢して、経費にする

21

節税は、社長が賢くなるしかない！

節税について、多くの経営者が「専門家に任せておけばいい」と考えがちです。

しかし、実際にはそれでは十分な効果が得られないことが少なくありません。

税理士に書類を丸投げするだけで、節税に関する話を聞いたことがないという人も多いです。

社長自身の知識や聞く意識が不足していたり、税理士が事務代行しかしない人だったりする場合は、このような状況になってしまうのです。

せっかく稼いだお金を守れるのは、結局は社長であるあなたしかいません。

社長自身がお金や税金のことを積極的に知って賢くなることで、3年後、5年後、10

年後と将来にわたって残していける資産が大きく変わっていくのです。

専門家を上手に活用できる経営者になる

誤解してほしくないのですが、私は「社長が専門家になれ」と言っているわけではありません。むしろ、専門家を上手に活用できる経営者になることが重要なのです。

そのためには、次の点に注意してください。

1．節税のアンテナをつねに張る

すべての知識を得る必要はありませんが、節税や経営の守りに関する基本的な知識は持っておくべきです。そうすることで、つねにアンテナを立てておくことができます。

まず、国税庁の「タックスアンサー（よくある税の質問）」で基本を押さえるのがおすすめです。税理士の方がやっているYouTubeチャンネルで、具体的な事例もチェックしてみましょう。クラウド会計アプリのＨＰ（freee、ＭＦクラウドなど）を見るのもおすすめします。

2．インスピレーションを大切にする

アンテナを立てておけば、社長は自然とひらめきを得るものです。何か節税についてのアイデアが浮かんだら、それを大切にしましょう。

3．専門家に適切な質問をする

アイデアが湧いたら、専門家に「こういうことができると聞いたけど、どうなの？」「こういうことがしたいんだけど、どうやったらいいの？」といった質問をしてみましょう。

4．最終判断は社長が行う

専門家の説明を聞いて納得できたら、最終的には社長自身が「やる！」と判断すればいいのです。

社長自身も節税の勉強をして守りを固めよう

自分の未来は自分で守るしかありません。そのためには、自分がお金や税金のことを勉強して賢くなる必要があります。

賢くなることで、お金や節税のことに敏感になり、いいアイデアが湧いてきます。また、専門家とうまく付き合えるようになるので、より効率的な節税が可能になります。

節税は、決して専門家に丸投げすればいいというものではありません。

社長自身が主体的に学び、考え、行動することが重要なのです。そうすることで、会社の財務状況が改善し、個人の資産も守ることができます。

22 特別な節税方法なんてない

節税について質問を受けると、私も懸命に答えるようにしています。

しかし、答えていて気づくことがあります。

それは、節税という手法をただ知りたいだけの方や、いい情報があるなら得られるだけ得ようという発想の方が時々いらっしゃるということです。

別にそれ自体は問題ありませんが、「そんなにたくさんのことを聞いても、結局実行しないのではないか？」と思ってしまうような方も少なからずいらっしゃいます。

そして、よく質問される方ほど、「裏技のような特別な節税方法があるのではないか？」と様々な質問をしてこられるのです。

しかし、現代の情報化社会では、節税の情報も溢れています。インターネットを検索すれば、「〇〇で節税！」という情報がいくらでも出てきます。そんな中で、誰も知らない特別な節税方法など、もはや存在しないのです。

節税のポイント

節税のポイントは、特別な方法を探すことではありません。

重要なのは、今ある節税方法の中でいかに賢く節税するか、今ある節税方法をいかに意図的に賢く節税に結びつけていくか、ということです。ここを考えることが大切なのです。

結局のところ、節税も戦略です。「法人を作ったら節税になるんでしょ？」「旅費規程を作ったら節税になるんでしょ？」という考え方ではありません。

正しくは、「節税になるように法人を作る！」「節税になるように旅費規程を作る！」

「節税になるように○○をやる！」「節税になるように○○の行動をする！」というアプローチなのです。

つまり、最初に意図があるということです。

ただ単に「節税したい！」では、意図が弱く、明確ではありません。意図が弱いと賢く節税することが難しくなります。もっと明確な意図を持って行動できるように、節税脳を鍛える必要があるのです。

「難しそうでできないですよ！」という声が聞こえてきそうですが、大丈夫です。本書を何度も何度も読み返していれば、できるようになります。

節税になる情報を探すのではなく、今ある情報を賢く使って節税になるように行動することが重要なのです。そのためにも節税脳を鍛えましょう。

23 「税の世界のグレーゾーン」を理解しよう

節税に関する知識を深めていくと、あなたは次第に税理士との間で意見の相違を感じることが多くなるかもしれません。

「なぜこれが経費にならないの？」といった疑問が湧いてくるでしょう。このような疑問を持つようになったら、あなたの節税脳が成長している証です。

本項では、なぜ節税脳のレベルが上がると税理士との衝突が増えるのか、その背景にある「税の世界のグレーゾーン」について詳しく解説していきます。

この知識は、あなたが経営者として成長し、より戦略的な判断を下すための重要な基盤となるでしょう。

法律には隙間（グレーゾーン）が存在する

税金の世界は、多くの人が想像するほど単純ではありません。白黒はっきりと分けられる領域もあれば、その間に広大なグレーゾーンが存在しているのです。

このグレーゾーンこそが法律の隙間であり、様々な解釈が生まれる余地となっています。

グレーゾーンが存在する理由は簡単です。世の中のすべての取引を法律で完全にカバーすることは不可能だからです。

ビジネスの世界は日々進化し、新しい取引形態や複雑な契約が生まれています。法律がそのスピードに追いつくのは困難です。

そのため、法律で「これは白」「これは黒」と明確に規定されていない領域が必然的に生まれます。このグレーゾーンにおいては、法律の解釈が重要になってくるのです。

しかし、**このグレーゾーンの存在を知らないと、経営者は大きな不利益を被る可能性があります**。

例えば、税理士から「この経費は認められません」と言われても、なぜそうなのか理解できず、反論することもできません。

税務調査で「これは個人的なものだから経費にはなりません」と指摘されても、ただ黙って受け入れるしかありません。

結果として、本来は経費として認められるはずの支出に対しても、必要以上の税金を払ってしまう可能性があるのです。

なぜグレーゾーンがあると衝突が起こるのか

グレーゾーンの存在は、税理士や税務調査官との意見の相違を生む主な原因となります。なぜなら、専門家の間でも解釈が分かれる領域だからです。

税理士や税務調査官にも様々なタイプがいます。

税務署より厳しい判断を下す税理士もいれば、何でもＯＫとするようなゆるい税理士もいます。税務調査官の中にも、重箱の隅をつつくような厳格な人もいれば、大きな脱税行為にしか興味を示さない人もいます。

ポイントを絞った的確な調査をする職人のような調査官もいれば、何をしに来たのかわからないような頼りない調査官もいるのです。

このように多様な専門家が存在するため、同じ状況でも異なる解釈や判断が生まれます。

さらに、専門家たちは往々にして自分の都合のいいように法律を解釈する傾向があります。これは必ずしも悪意があるわけではありませんが、結果として納税者である企業や個人が不利益を被る可能性があるのです。

このような状況下で損をしないためには、経営者自身が節税脳を鍛える必要があります。

なぜなら、**無知は確実に損につながるからです**。

知識がないと、専門家の言いなりになるしかありません。一方、税の世界に対する理解が深まれば、より多くの選択肢が見えてきます。自分の利益を守るためには、ある程度の専門知識が必要不可欠なのです。

税理士と意見が衝突するのは節税脳が鍛えられた証拠

税理士との意見の衝突は、決してネガティブなことではありません。むしろ、あなたの成長を示す前向きな兆候だと捉えるべきです。それは、税の世界への理解が深まっている証拠であり、批判的思考力が養われていることを示しています。また、自社の利益を守る姿勢が育っていることの表れでもあるのです。

税理士との衝突を恐れず、むしろそれを建設的な対話の機会と捉えましょう。疑問点があれば率直に伝え、税理士の見解の根拠を聞くことが大切です。

同時に、自分の意見も論理的に説明できるよう準備しておくべきです。時には第三者の意見を求めることも有効な手段となるでしょう。

ただし、税法はつねに変化していることを忘れてはいけません。

そのため、節税脳を鍛えるのは一度きりではなく、継続的なプロセスです。税制改正に注目し、セミナーや講座に参加し、専門書を読み、他の経営者と情報交換することが重要です（忘れてはならないのは、この知識は決して脱税のために使うべきではないということです。あくまでも法の範囲内で、最適な経営判断を下すための道具として活用してください）。


税の世界は複雑で、時に不合理に見えることもあります。

しかし、その仕組みを理解し、自分の立場を主張できるようになれば、より戦略的な経営判断を下せるようになるのです。

時には税理士の意見に疑問を呈し、議論を重ねることで、よりよい解決策が見つかることもあるのです。

コラム―節税できても赤字じゃ意味がない

事業で利益が出始めると、多くの経営者が節税対策に強い関心を持ち始めます。そして、その興味に目をつけた様々な人たちが「節税対策」という甘い言葉で近づいてきます。

しかし、ここで一度立ち止まって考える必要があります。

節税の本来の目的は何でしたか？　そうです、「お金を手元に残すこと」です。この根本的な目的を忘れてしまうと、思わぬ落とし穴にはまる可能性があります。

「節税対策」という甘い言葉に騙されないために、私が経験した実例を紹介します。

サラリーマン時代に、ワンルームマンション投資の勧誘を受けたことがあります。不動産会社の営業マンは「節税対策になりますから」という言葉を執拗に繰り返していました。その説明によると、「3，000万円のワンルームマンションを購入して賃貸物件として貸し出せば、不動産所得は赤字になるので、サラリーマンの給与から引かれた所得税が還付される」とのことでした。

一見すると魅力的に聞こえる話ですが、ここには大きな落とし穴が隠されています。

赤字になればなるほど節税できると主張

私が「借り手が見つからなかったらどうなるのか」と質問したところ、営業マンは「赤字がさらに大きくなるのでもっと税金が還付されます。すごい節税対策ですよ!」と答えました。

確かに、会計上は赤字が大きくなれば還付される税金も増えるかもしれません。しかし、実際のキャッシュフローはどうでしょうか?

借り手がいないということは、その不動産からの収入がないということです。つまり、キャッシュフローも赤字になる状態です。もし借り手がつかない状態が続けば、ローンの返済ができなくなり、最悪の場合、破産のリスクさえあるのです。

家賃保証がついているから安心？

営業マンは「10年間は当社が70％の家賃保証をしているから安心です」と主張しました。しかし、この「保証」も詳しく見ていく必要があります。

「10年後はどうなるのか？　家賃保証というのは、私が銀行から借りた3，000万円を、御社に払った3，000万円を使って、私にちょっとだけ返しているだけではないのか？　そもそも、その家賃保証はいくらなのか？」、このように質問したところ、営業マンの回答は「家賃相場が10万円なので7万円保証です」というものでした。

7万円×12ヶ月で年間84万円。10年分で840万円を保証するということは、払った3，000万円から840万円を差し引いた2，160万円が、不動産会社が契約と同時に得た収入ということです。つまり、この物件が2，160万円で売れれば元が取れるということになります。

この指摘は非常に重要です。不動産会社は、実質的に2，160万円で物件を売却したのと同じ状態になっているのです。そして、「金利リスク」「家賃の値下がりリスク」などのリスクを、すべて買い手に負わせようとしていることが明らかになりました。

これらの指摘に対し、営業マンは最終的に「ごちゃごちゃ言うあなたにはうちの物件を買う資格はありません」と言い放ちました。この反応は、彼らの提案が真の意味での「節税対策」ではなく、単なる商品販売であることを如実に物語っています。

節税できても赤字の事業では意味がない

節税できても赤字の事業を増やしては、手元からお金が出ていくだけで意味がありません。

ワンルームマンションのような大きな買い物であれば慎重に考える人も多いでしょう。しかし、数万円や数十万円の場合はどうでしょうか？

「節税になるなら、事業に必要なくても買ってしまおう」と考える人もいるかもしれません。しかし、これこそが大きな落とし穴です。

小さな無駄遣いの積み重ねが、最終的には大きな損失につながる可能性があります。

節税を理由に不要な支出を増やすのではなく、本当に事業に必要な支出かどうかを冷静に判断することが重要です。

真の節税とは、単に税金を減らすことではなく、事業全体の収益性を高め、結果として手元に残るお金を増やすことです。

節税と投資の違いも理解する

本項で紹介したワンルームマンション投資の例は、厳密に言えば「投資」であって「節税」ではありません。確かに、不動産投資には一定の節税効果がありますが、それは投資の結果として得られる副次的な効果に過ぎません。

真の節税とは、既存の事業活動の中で、合法的かつ効率的に税負担を軽減する方法を見出すことです。例えば、適切な経費計上や、各種控除の有効活用などが挙げられます。

一方、新たな投資を行う際は、その投資自体の収益性を十分に検討する必要があります。「節税になるから」という理由だけで投資を決断するのは危険です。投資はつねにリスクを伴うものであり、そのリスクに見合うリターンが得られる可能性が高いかどうかを慎重に判断しなければなりません。

節税と投資、この2つの概念をしっかりと区別し、それぞれの特性を理解した上で、あなたの事業に最適な戦略を立てていくことが重要です。

第4章

節税の実践法

24

社長の手元にお金を残す6選

社長の手元にお金を残す方法の基本原則は、「**お金のかかる大きな支出はできるだけ会社で払う**」ということです。この原則を徹底することで、個人の収入を抑えつつ、必要な支出を会社の経費として計上することができます。

具体的には、次のような大きな支出項目を会社の経費にできないか検討する必要があります。1つずつ見ていきましょう。

1. 住居費（家賃や住宅ローン）
2. 自動車関連費用
3. 旅行費用

4. 服飾費・装飾品
5. 飲食費
6. 自己投資（セミナー参加費など）

1. 住居費（家賃や住宅ローン）

住居に関する支出は、社宅制度を活用することで大幅に節税することができます。家賃の場合、最大で95%を経費として計上できます。

自宅を購入する場合も、会社名義で購入すれば、経費として計上できるだけでなく、消費税の還付も受けられます（ただし、現在は制限があります）。また、維持管理費の多くも経費として計上可能です。

2. 自動車関連費用

車両も会社名義で購入すれば、購入費用全額を経費として計上できます。さらに、保険料や税金などの維持費用も経費化が可能です。先ほどご紹介したように、4年落ちの中古車を購入した場合、数百万円の車両であっても一括で経費計上できるという節税テクニックもあります。

3. 旅行費用

旅行費用の節税には、出張手当の活用が効果的です。適切な旅費規程を導入し、旅行と仕事を賢く組み合わせることで、ほぼすべての旅行を出張として扱い、大幅な節税を実現できます。

これらの方法は、違法な裏金作りとはまったく異なります。法律で認められた正当な経費計上方法を活用して、社長の手元にお金を残す合法的な手法なのです。

4. 服飾費・装飾品

服飾費や装飾品の経費化には、仕事での使用実態を明確に示すことが重要です。「この服は会社の事業の〇〇として使用するために購入したもので、その根拠と証拠はこれです」と自信を持って説明できるようにしておくことが大切です。

5. 飲食費

外食費の経費化には、適切な理由付けが必要です。会議費や交際費として計上できる可能性が高いですが、ＳＮＳなどを活用して事業との関連性を示すことで、より確実に経費化できます。

6．自己投資（セミナー参加費など）

セミナーや講座への参加費など、自己投資のための支出も、事業に必要な学びとして説明できれば、経費化が可能です。ひとり起業家の場合、ほとんどの学びが事業に関連付けられるため、積極的に経費化を検討すべきです。

25

月40万円、無税のお金が手に入る

適切な方法でお金を守れば、給料以外に毎月40万円以上が無税で手に入ることもあります。本項では、ひとり社長が給料以外の収入を得る方法を紹介します。

この方法を活用すれば、無税の収入だけで生活することも夢ではありません。

東京滞在で40万円以上のお小遣い？　1日2万円の不思議な仕組み

私は、自宅は関西に置きながら、東京にもオフィスを構え、月の半分弱を東京で過ごしています。一見すると、余計な出費に思えるかもしれません。しかし、これには重要な理由があるのです。

実は、私は東京の事務所に滞在するたびに、1日2万円以上を自分の会社からもらえる仕組みを作っています。

「経費がかかっているのに、お金がもらえる?」と不思議に思われるかもしれません。

さらに驚くべきことに、滞在中に懇親会に参加すれば、さらに金額が上乗せされ、1日3万円以上が私の財布に入ってくる仕組みになっています。

つまり、10日間東京に滞在すれば、なんと30万円以上が給料以外に手元に入ってくるのです。実際には、月によっては40万円を超えることもあります。

「旅費規程」を賢く使うと節税になる

この仕組みの核心は、「**旅費規程**」の活用にあります。

ひとり起業家が法人を設立してひとり社長になると、この方法を活用できるようになるのです。

まず押さえておくべき重要なポイントは、**旅費規程で定めた出張旅費（交通費、宿泊費、出張手当）は、その出張に通常必要とされる範囲は非課税**だということです。

一般的な給与所得、例えば残業手当や住宅手当などは、受け取った時点で課税対象となります。

しかし、出張旅費に含まれる交通費、宿泊費、出張手当（日当）は給与として扱われず、税金がかかりません。

つまり私の場合、東京に滞在している間、出張手当をもらえるように設定しておけば、その分のお金を無税で受け取ることができるのです。

さらに、宿泊費を実費ではなく一定額で支給するように設定すれば、節税効果をさらに高められます。宿泊費も非課税対象なので、ここでも税金を抑えることができるのです。

このように出張旅費を活用することで、本来なら会社からもらう際に納めなければならない税金を節約できます。

給与ではないため社会保険料もかからず、結果として手元に残るお金が大幅に増えるのです。

経費計上による二重の恩恵

出張旅費の魅力はこれだけではありません。

会社側から見ると、出張旅費は全額を経費として計上できるのです。

つまり、会社の利益を計算上減らすことができ、法人税の節税にもつながります。

ここで誤解のないよう付け加えておきますが、私は単にこの仕組みを利用するために東京に滞在しているわけではありません。

東京にはクライアントが多く、ビジネス上必要な滞在なのです。

ただし、この状況を賢く利用することで、結果的に毎月数十万円を給料以外に、しかも税金のかからない形で受け取っています。つまり、給料をもらわなくても生活できる仕組みを作り上げているのです。

例えば、東京に会社がある社長が大阪に出張する場合を考えてみましょう。

・旅費規程で定めた金額：78，000円
・実際にかかった金額（実費）：48，000円
・旅費差額：30，000円

この場合、法人側では78，000円全額が経費として計上できますが、実際には30，000円が社長のポケットに入ることになります。

しかも、この30，000円には税金も社会保険料もかかりません。

実例として、全国を飛び回る動物整体師のクライアントを紹介します。

月に20日は宿泊を伴う出張をしているため、日当（出張手当）だけで月40万円、年

旅費規程の例

旅費規程	実費	差額
交通費（運賃） 新幹線グリーン車 38,000円（往復）	交通費（運賃） 28,000円	差額　10,000円
宿泊費 市内ホテル 30,000円	宿泊費 20,000円	差額　10,000円
出張手当（日当） 10,000円		そのまま 10,000円

旅費規程78,000円　－　実費48,000円　＝　差額30,000円

このような出張が月5回あるとすると、

30,000円　×　5回　＝　150,000円（年間180万円）

これが、実際にかかった運賃等の実費以外に経費化できるということです。
この出張旅費には所得税・住民税・社会保険料はかからず、この旅費、消費税も控除対象になるのです。

間480万円を得ています。

個人事業時代は年間利益500万円に対して相応の税金を払っていましたが、法人化して旅費規程を導入したことで、利益がゼロになり、税金がかからなくなりました。

さらに、法人では経費となる旅費約500万円が社長のポケットに入るため、実質的に無税で生活できるようになったのです。

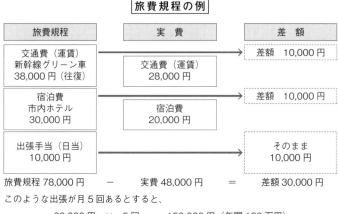

26

店舗型ビジネスでも「旅費規程」は絶対に作っておきたい

ここまで、「旅費規程」の素晴らしさについて繰り返しお伝えしてきました。

でも、店舗型ビジネスを経営している社長なら、「うちは旅費規程なんて必要ないよ」と思っていませんか？

確かに、店舗型ビジネスだと出張の機会はあまりないように感じるかもしれません。毎日同じ場所で営業していると、わざわざ遠くに出かける必要がないように思えますよね。

でも、本当にそうでしょうか？

実は、どんなビジネスでも出張は可能です。それどころか、出張することでビジネスが成功する可能性が高まります。

店舗型ビジネスでの出張とは？

毎日同じ店舗で営業していると、出張の機会はほとんどないでしょう。そうなると、旅費規程を導入しても、出張手当をもらう機会がないので、節税効果も薄くなってしまいます。

しかし、ここで大切なのは「現状のまま」という部分です。つまり、現状を変えれば旅費規程の効果も変わります。

店舗型ビジネスだからといって、出張ができないわけではありません。むしろ、積極的に出張の機会を作り出すことで、ビジネスの成長につながる可能性があります。

例えば、あなたがラーメン屋さんを経営しているとしましょう。他の人気のラーメン屋に行って学ぶことはたくさんありますよね。具体的に見ていきましょう。

1. 店舗のデザインを見学する
お客さんを引き付ける外観、居心地のいい内装など、視覚的な要素から多くのヒントを得ることができます。

2. 実際に食べてみる
味はもちろん、盛り付け、提供のスピード、温度管理など、お客さんの立場から体験することで、自店の改善点が見えてくるかもしれません。

3. 店舗の運営方法を観察する
厨房のレイアウト、在庫管理の方法、ピーク時の対応など、効率的な運営のコツを学べます。

4. 接客の仕方を参考にする
お客さんへの声かけ、クレーム対応、リピーター作りの工夫など、顧客満足度を上げるテクニックを学べます。

これらはすべて、立派な出張になります。

ラーメン屋に限らず、繁盛している他業種のお店でも、見学に行けば必ず何か学べるはずです。例えば、カフェのくつろげる空間作りや、アパレルショップの商品ディスプレイ方法など、異業種からも多くのインスピレーションを得ることができます。

つまり、**店舗型ビジネスでも、社長がどこかに行って何かを学び、それがビジネスにつながるのであれば、それは出張なのです**。そして、こういった活動は、あなたのビジネスを成長させるための重要な投資と言えるでしょう。

27

「出張」の定義の仕方

出張という言葉を聞いて、みなさんは何を思い浮かべるでしょうか？

多くの人は、遠方への宿泊を伴う業務外出を想像するかもしれません。

しかし、実際の出張の定義はもっと広範囲に及び、多くのビジネスパーソンが思っている以上に日常的な業務にも適用される可能性があります。

この認識の違いが、大きな節税の機会を逃している原因となっているのです。

出張の定義を再考する

出張とは、単に通常の勤務地を離れて業務を行うことを指します。

これは必ずしも遠距離や宿泊を伴う必要はありません。例えば、次のような場合も出張に該当する可能性があります。

1. 現場作業のために顧客宅や工事現場に赴く
2. 取引先のオフィスへの訪問
3. 商談や打ち合わせのための外出
4. セミナーや展示会への参加

つまり、**日常的に行っている業務外出の多くが、実は「出張」として扱える可能性があるのです**。

ただし、これらの活動が全て自動的に出張旅費の対象となるわけではありません。例えば、すぐ隣の現場への30分程度の外出を出張として扱うことは適切ではないでしょう。

出張旅費を支給するためには、一定の条件を満たす必要があります。例えば、

- 出張にかかる総所用時間が5時間を超える場合
- 片道50㎞を超える移動が発生する場合

など、会社の実情に応じた基準を設定する必要があります。

これらの条件は「旅費規程」として明文化し、適切に運用することが重要です。

具体的な節税効果の例

ある電気工事会社の例を見てみましょう。

この会社では、社長と息子が毎日顧客宅でエアコン設置工事を行っています。彼らはこれまで、この日常的な業務を出張とは認識していませんでした。

しかし、実際にはこれらの現場作業も出張として扱うことができます。仮に1日の出張手当を5，000円とし、月に25日出張するとすれば、次のように計算できます。

・1人あたりの月額出張手当：5，000円×25日＝125，000円
・2人分の年間出張手当：125，000円×2人×12ヶ月＝3，000，000円

つまり、年間300万円の経費を新たに計上できることになります。

節税額の計算

出張手当で年間300万円を支払うと、どのくらい節税できるでしょうか。

まず、会社の税金について見てみましょう。年間300万円の経費が増えると、仮に法人の実効税率が30%だった場合、約90万円の節税になります。

次に、社長と息子の所得に関する税金も考えてみましょう。今まで役員報酬や給与として渡していたお金を出張手当として渡すと、所得を300万円分減らせます。

仮に、次の条件で計算すると、

・所得税　10％
・住民税　10％
・社会保険料　25％

トータルの税率等が45％になるので、135万円の節税効果があります。

このように、出張手当の活用により、法人税等が約90万円、または、所得税等で約135万円の節税効果が期待できます。

長期的な資産形成への影響

また、役員報酬や給与をそのままにして減らさずに、さらに出張手当が追加でもらえるとしたらどうでしょう。

家族の手元には役員報酬以外に300万円が税金がかからずに入ってきます。このお金を残しておけば、年間300万円＋節税分90万円を貯金しているのと同じです。

今回の方は10年間以上、出張旅費を出したことがないということでした。10年間続けると、その額はどのくらいになるでしょう。

・390万円×10年＝3，900万円

この3，900万円が、10年間出張旅費を出すことで作り出せる資産になります。これは単なる節税を超えて、長期的な財務戦略として非常に重要な意味を持ちます。

「うちは出張なんてしていない」と言っている人ほど、出張を宿泊付きで遠方に行くものだと誤解しているケースが多いのです。実際は、毎日現場に出向いているのも立派な出張なのです。

もっと多くの人に出張の正しい定義を知ってもらいたいと思います。周りに出張の定義を誤解している人がいたら、ぜひ、本書を勧めてあげてください。

出張旅費活用のポイント

出張旅費を効果的に活用するためには、次のポイントに注意が必要です。

1. 正確な出張の定義を理解する
2. 適切な社内規定（旅費規程）を整備する
3. 出張の実態を正確に記録する
4. 合理的な金額設定を心がける

特に旅費規程の整備は重要です。これにより、出張手当の支給に関する明確な基準を示すことができ、税務調査の際にも説明がしやすくなります。

28 会社を2つ以上設立する裏メリット

「複数の会社を持つ」

そう聞くと、一見手間がかかるように思えるかもしれません。しかし、実は複数の法人を持つことには、驚くべきメリットがあるのです。

今回は、「**分身の術**」と「**分散の術**」という2つの戦略を紹介します。

これらの方法を駆使すれば、可処分所得を大幅に増やし、より効果的な節税を実現することができるのです。

◎「分身の術」とは何か

「分身の術」という言葉を聞いて、怪しいと思われた方もいるかもしれません。しかし、これは単に**複数の会社から無税のお金を受け取る合法的な方法**を指しています。

前項で紹介した通り、適切な旅費規程を設けることで、1社から月数十万円の無税収入を得ることができます。例えば、私の場合は次のような仕組みを作っています。

1. 関西に住みながら東京にオフィスを構える
2. 東京滞在時に1日2万円以上を自社から受け取る
3. 懇親会参加で追加の手当てをもらう
4. 月10日の東京滞在で30万～40万円以上の無税収入を得る

この仕組みにより、東京に滞在すればするほど、私の財布にはお金が入ってくるわけです。

ここで重要なのは、**この仕組みは1社に限定されない**ということです。

つまり、複数の会社を設立すれば、それぞれの会社から同様の無税収入を得ることができるのです。これこそが、私がおすすめする「分身の術」です。

私自身、東京滞在中は複数の会社の仕事を同時にこなしています。

身体は1つでも、法人という「分身」を複数持つことで、1人で複数の収入源を作り出しているのです。

しかも、これらの収入は給与ではないため、税金や社会保険料、厚生年金などがかからないのです。

「分散の術」とは何か

「分散の術」とは、**複数の法人を設立して事業を分散させたり、家族に給与（役員報酬）を分散させたりすることで、リスクと税負担を軽減する経営戦略**のことです。

「分散の術」については、私のクライアントであるLさんの例を通じて説明しましょう。

Lさんは、経営の「守り」を非常に重視している方です。

彼女には3人の成人したお子さんがいますが、それぞれが別の会社の社長になっています。さらに、Lさん自身もこの3社の役員を務めています。

この戦略には、次のメリットがあります。

1. 事業リスクの分散
2. 相続対策
3. 後継者育成

Lさんは自身の事業を3社に分散させることで、リスクを分散させると同時に、子供たちに経営を学ばせる機会を作っています。これこそが「分散の術」の本質です。

Lさん一家の興味深い点は、それぞれが異なる趣味を持っていることです。

・1人目：旅行好きでインスタグラムを活用
・2人目：写真が趣味で休日は撮影に出かける
・3人目：韓流アイドルの追っかけが趣味
・Lさん：不動産物件巡りが趣味

私の提案で、これらの趣味を各社の事業目的に組み込みました。一見すると奇異に感じるかもしれませんが、これには重要な意味があります。

現代のビジネス環境では、趣味が突然ビジネスチャンスに変わることがあります。ブランディングの仕方1つで、趣味がビジネスに発展する可能性があるのです。それぞれの「器」（法人）を作っておくことで、将来のチャンスに備えると同時に、Lさん自身の「分身の術」にも役立てているのです。

◎趣味の経費化

この戦略の大きなメリットは、趣味に関連する支出を経費化できることです。**各社の事業目的に趣味が組み込まれているため、趣味に関連する活動や移動にかかる費用を正当な事業経費として計上できるのです。**

例えば、旅行好きの子供が運営する会社では、旅行関連の支出をすべて経費として計上できます。写真好きの子供の会社では、カメラ機材の購入や撮影旅行の費用が経費になります。

さらに、これらの活動に伴う移動には出張旅費が適用され、社長（この場合は子供たち）の手元に無税のお金が入ることになります。

つまり、趣味を楽しみながら、節税効果も得られるという一石二鳥の戦略なのです。

※趣味に関連する活動は、必ず会社の事業目的に沿った収益活動の一部として実施する必要があります。もし単なる個人的な趣味の範囲で終わってしまうと、経費として認められなくなる可能性があるので、この点は十分に気をつけましょう。

「分身の術」と「分散の術」の実践

これらの戦略を実践するには、次のステップを踏むことをおすすめします。

1. まず1社目の法人を設立し、旅費規程を整備する
2. 1社目の経営が軌道に乗ったら、2社目、3社目の設立を検討する
3. 家族や信頼できるパートナーを各社の経営に巻き込む
4. 各社の事業目的に、自身や家族の趣味・特技を組み込む
5. 適切な経費計上と出張旅費の活用で、節税効果を最大化する

このステップを踏むことで、リスク分散と節税効果の両方を得ることができます。

29

社長はなぜタワマンに住むのかがわかる「住宅規程」

さらに一歩進んだ節税術、「住宅規程」についてご紹介します。

これは、旅費規程による節税をマスターした方々にとって、次のステップとなる重要な方法です。

自宅の家賃は経費にできる？

新しい節税方法を考える前に、まずは節税の基本を思い出しましょう。節税の基本とは何だったでしょうか？　それは次の通りです。

「自分の生活の大部分の支出を、税金を払う前に先に（経費として）使えるように、会社（法人）を賢く活用する」

つまり、会社を所有する人のお金の流れは、次のようになります。

1．稼ぐ　↓　2．お金を使う（経費として）↓　3．最後に税金を払う

この流れの2番目、「お金を使う（経費として）」の部分に、「旅費規程」や「住宅規程」などの各種規程を賢く使っていくのです。そうすることで、「自分の生活の大部分の支出を、税金を払う前に経費として先に使えるようになる」のです。

住宅規程の効果と利用例

住宅規程がどれほど素晴らしい規程なのか、具体的な例を挙げて説明しましょう。

住宅規程で節税できる典型的な例が、**住んでいる賃貸マンションを社宅化する方法**です。

これにより、自分の会社に家賃を負担させることができます。

例えば、家賃18万円のある物件について、住宅規程を取り入れ社宅とした場合の家賃を計算すると、図のようになりました。

会社負担と個人負担の違いの例

	負担額	割合	会社と個人の違い
会社負担	170,510円	94.7%	←この部分が経費になる
個人負担	9,490円	5.3%	←この部分は自己負担
合計	180,000円	100%	

驚くべきことに、個人負担はたったの5%で済んでしまうのです。言い換えれば、**自宅家賃の95%が経費化できることになります**。この額を毎月経費にできれば、生活が大きく楽になることは間違いありません。

社宅化は社長個人の節税にも役立つ

社長の自宅を社宅化するメリットは、単に経費にできるだけではありません。実は、社長の役員報酬を抑えることにもつながるのです。

自宅の家賃の大半を会社が負担してくれるのであれば、家賃分は会社から給料としてもらっているのと同じことになります。つまり、**役員報酬が家賃分少なくなっても、社長個人の手元に残るお金は変わらないのです。**

逆に、自宅の家賃を社長個人が自分で払おうとすると、会社からの給料を家賃分以上に支給する必要があります。そうなると、社長の給料が大幅に増え、社長個人の所得税も社会保険料もドカンと上がってしまいます。

このように、自宅を社宅にすることで、家賃が経費になるだけでなく、社長個人の税金や社会保険料の削減にも役立つのです。

お金持ちがタワマンに住む理由

ここで、お金持ちが都内のタワーマンションに住む理由が見えてきます。彼らは、税金等で大幅に持っていかれることを避けるために、会社でタワーマンションを借りて社宅にし、そこに社長として住んでいるのです。

こうすることで、ほぼ全額が会社の経費になります。さらに、住んでいるマンションに飽きてきたら、賃貸なので次を会社で借りればいいのです。

つまり、お金持ちの社長は次のように考えてタワーマンションを借りているのです。

「会社にどんどん利益が出ていて、このままだと税金等で大幅に持っていかれる」

「しかし役員報酬をこれ以上高くしたら、所得税や社会保険で大幅に持っていかれる」

「ならば少し家賃が高くても都内のいいタワーマンションを借りて経費で落とした方がいい」

住宅規程の利用は計画的に

お金持ちがタワーマンションに住んで節税する気持ちが理解できたのではないでしょうか。税金と社会保険の負担は確かに大きいものです。そのため、旅費規程を攻略した後は、「住宅規程」を賢く活用したいと考えるのは自然な流れです。

ただし、住宅規程を利用するためには、次のような条件をクリアする必要があります。そのため、早くから戦略を練って計画的に進めることが重要です。

①法人名義で借りることができる家を探すこと
あなたが住む家を借りる時は、あなたが個人で借りるのではなく、法人名義でその家を借りる必要があるということです。つまり、会社が契約者にならないといけません。

②国税庁が定める「小規模住宅」の基準をクリアする家を見つけること
社宅にして家賃の90％以上をあなたの会社に負担させようとする場合、国税庁が定める「小規模住宅」という基準をクリアする必要があります。

（※小規模住宅：床面積がマンション99㎡以下、一戸建て132㎡以下の住宅のこと）

30
社長に給料を出すと節税になる？「役員報酬」

節税対策として、旅費規程の作成はよく知られていますが、意外と見落とされがちな重要な節税方法があります。それは、「役員報酬」です。

実は、役員報酬も賢く活用することで、かなりの節税効果が得られるのです。

給与所得控除のメリット

給与所得者には、「給与所得控除」という特別な控除が適用されます。

これは、給与所得者の必要経費を概算で認める制度です。別名「サラリーマンの必要経費」とも呼ばれています。

なぜこのような制度があるのでしょうか。

会社勤めのサラリーマンには、もともと経費が認められていません。しかし、実際には仕事のために使っているお金はたくさんあります。例えば、「スーツ」「お付き合いの飲み会」「冠婚葬祭の出費」が挙げられます。

そこで国が「経費をまったく認めないのはかわいそうだ」と考え、給与の額に応じて一定額の経費を認めることにしたのです。

給与所得控除の額は、給与収入に応じて最低55万円から最高195万円まで設定されています。

例えば、年収600万円の方の給与所得控除の額は、164万円にもなります。年収850万円の場合は195万円が控除されます。

つまり、850万円の給料をもらっている人は、「850万円－195万円＝655万円」で算出された655万円が、給料に対する所得（利益）と見なされ、この金額に対して税率がかけられて税金が計算されるのです。

個人事業主と給与所得控除

ここで疑問が生じます。「個人事業主の場合はどうなるの？」

残念ながら、**個人事業主は自分自身に給料を支払うことができないため、この給与所得控除を利用できません**。

個人事業主の場合、「収入－経費＝所得（利益）」という計算式で所得が算出され、それに対して税金が課されます。

例えば、収入が1，200万円で経費が350万円だった場合、「1，200万円－350万円＝850万円」で所得（利益）が850万円となります。この850万円に対して税金が課されるのです。

ここで法人化の利点が浮かび上がります。法人の社長になれば、自分自身に役員報酬として給料を支払うことができ、給与所得控除を利用できるようになるのです。

具体的な数字で見てみましょう。

1．個人事業主の場合（所得８５０万円）

・税金等の負担額は約２２０万円

2．法人化して社長が８５０万円の役員報酬を受け取る場合

・給与所得控除（１９５万円）適用後の課税所得は６５５万円

・税金等の負担額は約１５０万円

この例では、法人化によって約70万円の節税効果が得られます。

31

分散の術で「役員報酬」を使ってさらなる節税

先ほど紹介した「分散の術」を使えば、さらに税負担を軽減できます。

所得税は累進課税制度を採用しているため、所得が高くなるほど適用される税率が高くなります。

そこで、役員報酬を家族で分散して受け取ることで、全体の税負担を軽減できるのです。

・社長：400万円
・配偶者：300万円
・子供：150万円

このように分散すると、税金の合計は約67万円になります。８５０万円を**社長１人で受け取る場合の１５０万円と比べ、83万円もの節税効果があるのです**。

前項もふまえて説明すると、個人事業主本人には給料は認められないので、最初は税金は２２０万円でした。それを法人にして社長が１人で給料としてもらうと１５０万円になりました。

さらに、この給料を分散の術を使って親族３人で分散すると、驚くことに67万円になってしまいました。その差なんと１５３万円です！

この状況、わけがわからないかもしれません。収入と経費の状況は何も変わらないにもかかわらず、「役員報酬を賢く活用するだけ」で、税金の金額が簡単に変わってしまうのです。

役員報酬を賢く使う
→身内に給料を払って収入（所得）を分散する

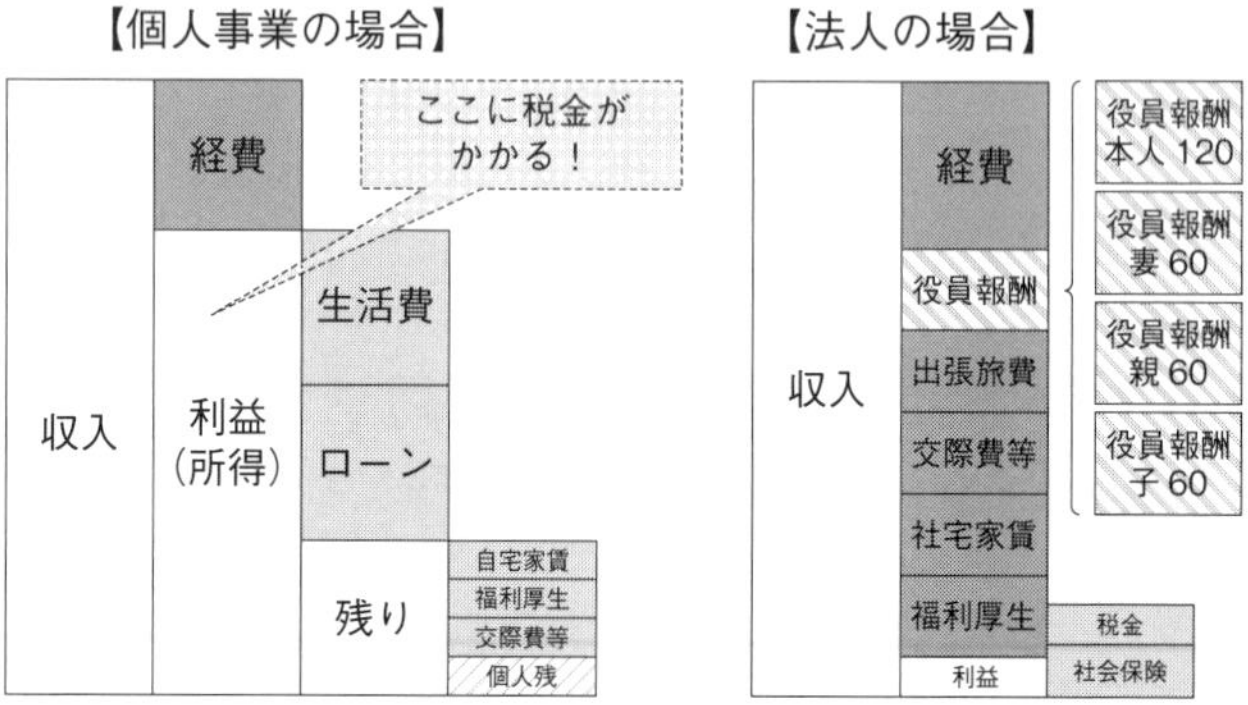

分散の術の例

私のクライアントに、家族４人で役員報酬を分散し、年間３００万円を税金のかからない状態にしている方がいます。次のように分散をしているのです。

・本人：１２０万円（月10万円）
・妻：60万円（月５万円）
・親：60万円（月５万円）
・子供：60万円（月５万円）

この方は、役員報酬以外に出張旅費で年間３００万円を非課税で受け取っているため、**合計600万円を税金がかからない状態**で法人から個人に移転することに成功しています。

また、社長の給与（役員報酬）を月10万円に抑えることで、社会保険料を月2・9万円（年間36万円）程度に抑えることができます。これも大きな節税（節約）効果があります。

経費の二重取りという裏技

さらに面白い節税方法があります。それは、「経費の二重取り」です。これは脱税ではなく、国が認めている合法的な方法です。

個人事業主が法人化すると、法人と個人という2つの人格を持つことになります。法人では、スーツ代や飲食代、冠婚葬祭費用などを経費として計上します。そして、法人から給料（役員報酬）をもらうと、その給料に対してさらに給与所得控除が適用されます。

つまり、**同じような経費を法人と個人の両方で認めてもらえることになるのです**。これが「経費の二重取り」です。

例えば、法人でスーツ代を経費として計上し、さらに給与所得控除も受けられるため、実質的に同じ経費を二重に控除できることになります。この方法を活用することで、さらなる節税効果が期待できるのです。

節税戦略の実践に向けて

役員報酬を賢く活用することで、大きな節税効果が得られることがお分かりいただけたでしょうか。ポイントを整理すると、次の4つです。

1. 法人化で、給与所得控除を活用する
2. 役員報酬を賢く設定することで税負担を軽減できる

3.「分散の術」を使って家族で給与を分散すると、さらなる節税が可能
4.法人と個人の2つの人格を活用して「経費の二重取り」ができる

ただし、ここで紹介した計算は簡略化したものです。実際の節税効果は、社会保険料や専従者給与など、個別の事情を考慮する必要があります。

重要なのは、役員報酬の活用によってこれほど大きな違いが生まれるということです。

ひとり起業家のみなさんも、様々な可能性を検討してみることをおすすめします。

32
社長の給料を決めるコツ

社長の給料、いくらに設定すべきでしょうか？

「せっかく社長になったのだから、たくさんもらいたい！」と考える方も多いでしょう。

しかし、ちょっと待ってください。実は、手元にお金を残したいのであれば、給料をそれほど高く設定しない方がいい場合があるのです。

役員報酬８万円のすすめ

起業してすぐに法人を設立した場合、役員報酬は月額８万円に設定することをおすすめします。その理由は主に次の２つです。

1．社会保険料が安い

2．所得税がかからない

まず、社会保険料について詳しく見ていきましょう。

役員報酬を8万円に設定すると、社会保険料の負担は月額約25，136円（令和6年3月現在、東京都の場合）となります。この金額は、健康保険料と厚生年金保険料を合わせたものです。

具体的な内訳を見てみると、健康保険料が9，032円（40歳以下は7，784円）、厚生年金が16，104円となります。これらは役員報酬に対してそれぞれ定められた保険料率（健康保険約11・58％、厚生年金18・3％）を掛けて計算されます。

社会保険料は会社と個人で折半する仕組みになっているため、実際の個人負担は約12，568円となります。残りの約12，568円は会社が負担し、この部分は会社の経費（法定福利費）として計上できます。

一方、個人事業主の場合は国民健康保険と国民年金に加入することになります。国民健康保険料は収入（所得）と世帯の加入者数によって変動します。

例えば、40歳の個人事業主が1人世帯の場合で年間10～100万円程度、配偶者と子供2人の4人世帯の場合はその1・5～2倍程度かかることもあります。また、国民年金は加入者1人あたり月額16，520円（年間198，240円）の固定額となります。

法人化して役員報酬を8万円に抑えると、次のように多くのメリットがあります。

1．保険料が給与（役員報酬）に連動するため、低い給与設定なら負担を抑えられる
2．傷病手当金や出産手当金など、手厚い保障が受けられる
3．将来の年金受給額が国民年金より多くなる（厚生年金上乗せ分）
4．保険料の半額を会社負担にできる

年間の社会保険料は３０１，６３２円となります。これは、役員報酬を30万円に設定した場合の年間社会保険料（１００万円超）と比べるとかなり抑えられています。

さらに、厚生年金の支払額は国民年金とほぼ同じ負担で済むにもかかわらず、将来的には国民年金に上乗せして厚生年金も受給できるというメリットがあります。同じ負担額であれば、より多くの給付が期待できる厚生年金の方が有利だと言えるでしょう。

次に、所得税についてです。

役員報酬を月額８万円（年間96万円）に設定すると、所得税もかかりません。年間の収入が１０３万円以下であれば所得税は非課税となるためです。

生活費が足りない場合の対策

月８万円では生活できない、という方もいらっしゃるでしょう。その場合は、次のような方法を検討してみてください。

1. 親族を活用して無税・無社保で役員報酬を増やす
2. 社内規程を活用して社長の取り分を増やす
3. 会社が社長個人に家賃を支払うなどの方法で、会社の所得を個人に移転する
4. 役員賞与（ボーナス）を活用する

特に役員賞与の活用は、効果的な社会保険料の節約方法の1つです。月々の役員報酬を低く抑えつつ、業績に応じて賞与を支給することで、社会保険料を抑えつつ、柔軟な資金管理が可能になります（後ほど詳しく紹介します）。

実例：起業1年目の給与設計

私の経験を紹介しましょう。法人設立1年目、私の役員報酬は月額10万円でした。これに加えて、出張旅費を月額40万円計上していました。

この結果、会社の利益が600万円までなら、次のように簡単に税金をゼロにすることができました。

・給料：120万円（月10万円）
・出張旅費：480万円（月40万円）

給料と出張旅費だけで、会社の利益600万円を相殺できるのです。つまり、会社の利益が600万円までなら法人税も所得税もほぼゼロになります（厳密には、法人県民税と法人市民税の均等割は発生します）。

これが個人事業だったら、このような形で利益をゼロにすることはできません。

2年目以降は、さらなる節税対策が必要になってきます。私の場合、2年目は社長の給料はそのままで、妻と母にも少額の給料を支給することにしました。

これは先ほど紹介した「分散の術」で、1人で高額の給料をもらうと税金や社会保険料が上がってしまうため、給料を分散させるのです。

3年目までは月額10万円の給料を維持し、4年目からはボーナスと親族への給料を活用して、税金と社会保険料を上手に抑えながら調整するようになりました。

安易な増額は危険

ここで注意したいのが、安易に社長の給料を増額することの危険性です。例えば、会社の利益が500万円増えたからといって、その全額を社長の給料として支給すると、思わぬ落とし穴があります。

確かに、法人税はゼロになりますが、個人の所得税は30万円程度増えます。「たった30万円か」と思うかもしれません。しかし、ここで見落としがちなのが社会保険料です。

先ほどの例に合わせて考えると、120万円だった給料にプラス500万、つまり給料が620万円になると、社会保険料が年間190万円にも跳ね上がってしまいます。これは当初の約30万円から１６０万円の負担増です。所得税30万円と合わせると、１９０万円もの負担増となるのです。

社長の給料を決めるコツ

社長の給料（役員報酬）を決める際は、次のポイントを押さえましょう。

1. 起業直後は月額8万円程度に抑える
2. 社会保険料と所得税の負担を考慮する
3. 生活費が足りない場合は、他の方法（親族の活用、社内規程の整備、賞与の活用など）を検討する
4. 会社の成長に合わせて、徐々に給与設計を見直していく

本項で紹介した考え方を参考に、自分の会社にぴったりの方法を見つけてくださいね。

33 社長のボーナスで社会保険を一気に節税

前項で説明した「役員報酬は月額8万円がおすすめ」という方法は、会社を始めたばかりの時期に特に役立ちます。

でも、会社の調子がよくなって利益が増えてくると、社長の給料も適切に上げる必要が出てきます。

でも、ちょっと待ってください。

前項でも紹介したように、月給を上げると、思いがけず社会保険料も大きく増加してしまうのです。

月給を上げると社会保険料はどうなる？

図を使って、具体的に見ていきましょう（令和6年3月現在、東京都の場合）。

月給10万円と月給100万円を比べると、実に7・7倍もの社会保険料を支払うことになります。年間で計算すると278万円以上の負担となるのです。

このように、月給を上げれば上げるほど、社会保険料の負担は大きくなっていきます。特に高額の月給になると、その負担は驚くべき数字になってしまいます。

さらに注意すべき点として、これらの社会保険料は会社と

社会保険料の差

月給	厚生年金	健康保険	計
10万	17,934	11,348	29,282
50万	91,500	37,900	129,400
100万	118,950	113,484	232,434

個人で折半するため、会社の負担も同様に増加します。つまり、**社長の手取りを増やそうとして月給を上げると、会社の経費も大きく膨らんでしまうのです。**

このような状況を避けるためには、単純に月給を上げるのではなく、より賢明な方法で社長の報酬を設計する必要があります。

そこで登場するのが、「社長のボーナス（賞与）活用法」なのです。

この方法を使えば、社長の手取りを増やしつつ、会社の負担を抑えることができます。つまり、会社と社長の双方にとって有利な報酬設計が可能になるのです。

社長のボーナスを活用しよう

ボーナスにかかる社会保険料は、次のように、月給とは違う計算方法が使われます。

1．月給の社会保険料：4～6月の給料をもとに計算され、毎月同じ額を払う

ボーナスを活用した場合の社会保険料の差

年収	ボーナスを活用した場合の社会保険料の額	月給だけでもらった場合の社会保険料の額	差額
1,200万円	年間120万円	年間278万円	年間158万円
1,800万円	年間120万円	年間339万円	年間219万円

2. ボーナスの社会保険料：ボーナスの額×保険料率で計算する

ここで大事なのは、**ボーナスの社会保険料には上限がある**ということです。健康保険料は年間573万円まで、厚生年金は月150万円までしか社会保険料がかからないのです。

この仕組みを使うと、同じ年収でも社会保険料を大幅に減らすことができます。具体的な例を図で見てみましょう。

これを見ると、社長のボーナスを上手に使うかどうかで、年間200万円以上もの違いが出ることがわかります。

長期的に見るとさらにお得

さらに大切なのは、この効果が1回だけではなく、毎年続くということです。長い目で見ると、その差額はとても大きな金額になります。

しかし、残念ながらこの方法を知らない、または使っていない経営者も多いのが現状です。

同じ給料総額なのに、150万円から200万円もの社会保険料を節約できる可能性があるのです。この知識があるかないかで、経営者の手元に残るお金の額が大きく変わってくるのです。

ここで強調しておきたいのは、この方法は決して違法でも、グレーゾーンでもないということです。制度をきちんと理解して、正しく活用する正当な節税方法なのです。

まとめると、社長のボーナスを活用した社会保険料の節税のポイントは、次の3つです。

1．社長にもボーナスを出せる

２．会社に利益が貯まってきたら、社長のボーナス活用を考える
３．ボーナスを使うと、年間２００万円以上の社会保険料を節約できる

会社が成長して、社長の給料を増やすタイミングが来た時、ぜひ本項で学んだ方法を思い出してください。給料を賢く設計することで、会社の利益を最大化し、同時に社長自身の手元にも多くのお金を残すことができます。これこそが、「攻めと守りのバランスの取れた経営」と言えるでしょう。

34

年商1，000万円超なのに扶養に入れる

こんな話を聞いたらどう思いますか？

ある女性起業家が、自分のビジネスで年商1，000万円を軽く超えているのに、旦那さんの扶養家族になっているのです。

どうしたらそんなことが可能なのか、その秘密を解き明かしていきましょう。

扶養家族なのに自由なお金があるのはなぜか？

この起業家の生活をちょっとのぞいてみましょう。

普通、扶養家族というと自由に使えるお金があまりないイメージがありますよね。でも、この方の場合は違います。旦那さんに内緒で自由に使えるお金をたくさん持って

いるのです。

例えば、高級ホテルのスイートルームを予約して、自分のお客さんを招いてパーティーを開いたりしています。もちろん、これは全部旦那さんには内緒です。

年商1，000万円を超えているのに、本当に扶養家族になれるのでしょうか？

まずは、扶養の定義を確認しておきましょう。

執筆時点の所得税法では、1年間（1月1日から12月31日まで）の収入が103万円以下なら扶養家族とみなされます。

社会保険の場合は少し違って、次の年の収入が130万円未満で、かつ配偶者の収入の半分未満であれば扶養家族になれます。

年商1，000万円超えというのは、どう考えてもこの条件を満たしていないように見えますよね。でも、ここにある「マジック」があるんです。

扶養になれる秘密

この起業家が扶養家族になれる秘密は、次の2つにあります。

1．自分の会社を持っている

2．個人の収入はゼロにしている

この方は個人事業主としてビジネスをしているのではなく、法人（会社）を作ってビジネスをしています。つまり、年商1，000万円は彼女個人の収入ではなく、会社の売上なのです。

そして、彼女は会社の社長でありながら、自分には給料を払わないという戦略をとっています。つまり、個人の収入は0円です。

0円の収入なら、もちろん所得税も社会保険も扶養の条件を満たしていますよね。

ちなみに、なぜこの起業家はこんな方法を選んだのでしょうか？

それは、自由にビジネスを楽しみたいからです。扶養から外れないように収入を抑える必要がなく、いくらでも稼げる。そして、稼いだお金を自由に使える。この状態がとても気に入っているそうです。

しかも、旦那さんは彼女がいくら稼いでいるのかまったく知りません。「旦那には私がいくら稼いでいるか絶対に言わない！」と彼女は言っています。なぜなら、言ってしまうと旦那さんが彼女の稼ぎを当てにしてしまうかもしれないからです。

彼女は自分の思うまま自由にビジネスができ、稼いだお金も自由に使えます。そんな状態で、心から楽しんでビジネスに取り組んでいるんです。

ビジネスは楽しむことが一番大切です。その楽しみを最大限に活かすには、こういった戦略的な考え方も必要になってきます。ぜひ、自分に合った方法を見つけて、楽しくて成功するビジネスを作り上げてください。

35 とにかく万能な「交際費」

「交際費」と聞くと、多くの人は高級料亭での接待や豪華な贈り物を想像するかもしれません。

しかし、実際の交際費の範囲はそれよりもずっと広く、ひとり起業家や小規模法人にとって非常に使い勝手のいい経費なのです。

特に法人を経営する場合、この交際費は非常に使い勝手のいい経費として知られています。

交際費とは何か？

交際費とは、簡単に言えばビジネスに関係する人を〝もてなす〟ための費用です。

法律では「交際費、接待費、機密費その他の費用で法人がその得意先、仕入先、その他事業に関係ある者等に対する接待、供応、慰安、贈答、その他これらに類する行為のために支出するもの」と定められています。

つまり、自分の事業やビジネスに関係する人をもてなすために使うお金が交際費となるのです。

ビジネスの世界では、単にいい製品やサービスを提供するだけでなく、人と人とのつながりも重要です。交際費は、そのつながりを強化するための投資と言えるでしょう。

交際費の範囲が広い理由

ここで注目したいのが、法律の定義にある「その他事業に関係ある者等」という言葉です。この「等」がついていることで、交際費の対象となる相手の範囲がかなり広くなっています。

実は、**法人の場合、この「事業に関係ある者等」の解釈がとても柔軟なのです。直接的な取引先だけでなく、間接的に事業に関わる可能性のある人まで含めることができます。**

つまり、ほとんどの人が「事業に関係ある者等」に該当する可能性があるのです。

なぜこれほど広い解釈が可能なのでしょうか？

それは、ビジネスの世界では予測不可能な人間関係が生まれる可能性があるからです。今は直接の取引先ではなくても、将来的に重要な顧客になるかもしれません。また、思わぬところから口コミやビジネスの紹介が生まれることもあります。

例えば、日々利用しているカフェの店員さんとの何気ない会話から新しいビジネスアイデアが生まれるかもしれません。近所の方との親睦が、思わぬビジネスチャンスにつながることもあるでしょう。このような可能性を考慮すると、ほとんどの人が「事業に関係ある者等」に含まれると解釈できるのです。

◎交際費の具体例

では、実際にどのような支出が交際費として認められるのでしょうか？

いくつか具体例を挙げてみましょう。

1. ビジネスランチ：取引先や潜在的な顧客との会食費
2. 接待ゴルフ：ビジネス関係者とのゴルフプレー代
3. 贈答品：お中元やお歳暮など、取引先への季節の贈り物
4. 交流会参加費：業界の交流会やセミナーの参加費（内容によっては研修費も可）
5. 打ち合わせでのカフェ代：ビジネスミーティングでの飲食代（会議費も可）
6. 従業員との食事会や懇親会：社内のコミュニケーション促進のための費用
7. ビジネス関係者との観劇や音楽鑑賞：文化的な接待の費用
8. 起業家仲間との親睦旅行

これらは一例に過ぎません。実際には、もっと幅広い支出が交際費として認められる可能性があります。

面白い例として、バレンタインデーやクリスマスのプレゼントも、状況によっては交際費として認められる可能性があります。

例えば、ビジネスパートナーや重要な顧客にバレンタインチョコレートを贈る場合、これは「贈答」にあたるため、交際費として計上できます。同様に、クリスマスシーズンに関係者にプレゼントを贈る場合も、交際費として扱うことができるでしょう。

ただし、完全にプライベートな関係の人へのプレゼントを、交際費にするのは適切ではありません。あくまでも「事業に関係ある者等」への支出であることが重要です。

交際費の上限と注意点

ここまで交際費の範囲の広さについて説明してきましたが、無制限に使えるわけではありません。

法人税法では、**資本金1億円以下の中小企業の場合、年間８００万円までの交際費**

は全額損金算入（経費として認められる）とされています。

800万円という金額は、多くのひとり起業家や小規模法人にとっては十分な金額でしょう。

月に換算すると約66万円になります。ほとんどの場合、この範囲内で十分な交際費の活用が可能です。

ただし、交際費の使用には一定の注意が必要です。税務署の税務調査の際に、その支出が本当に事業に関係しているかを説明できるようにしておくことが重要です。領収書の保管はもちろん、誰と、どのような目的で交際費を使用したかの記録を残しておくといいでしょう。

個人事業主の場合、交際費の範囲はかなり限定的で、経費として認められるのは「事業に直接関係したもののみ」となります。つまり、間接的な関係や将来的な可能性といった柔軟な解釈は難しくなります。そのため、個人事業主が交際費を使う際は、より慎重な判断が必要です。

36

1人でのカフェ利用は「会議費」としてOK

「気分転換に、ちょっとカフェで仕事でもしてこようかな」と思うことはありませんか？


私の家には、専用の仕事場がありません。

家族の動きに合わせて、ダイニングやリビング、寝室と仕事場を移動する日々。まるで遊牧民のようです。

家族がテレビを見たり音楽を聴いたりしていると、さすがに仕事に集中できません。

そんな時、近所のカフェに逃げ込んで仕事をすることがあります。


このような経験、みなさんにもありませんか？

「そんな時、1人で入ったカフェでの飲食代を経費にしていますか？　それとも、「1人だから経費にできない」と思っていませんか？

実は、1人でカフェに入った場合でも、法人なら、条件によっては経費にできるんです。

1人カフェは経費になる？

多くの方は、1人でカフェに入っただけなら経費にできないのでは、と不安に思っているかもしれません。しかし、安心してください。仕事場を確保するためにカフェを利用したのであれば、それは立派な経費になります。

なぜなら、レンタルオフィスを借りている人たちも、同じように仕事場を確保するために共有スペースを借りているからです。1人でカフェに入ったとしても、その理由が仕事場確保のためであれば、不安がらずに堂々と経費にしてよいのです。

ここで重要なのは、カフェを利用した理由です。1人でカフェに入ったから経費にできる、できないという話ではありません。カフェに入った目的によって、経費にできるかどうかが変わるのです。

例えば、「ただコーヒーを飲みに行った」「ただ休憩のために利用した」といった理由では経費になりません。

一方で、次のような理由であれば経費として認められる可能性が高くなります。

・移動中に思い出した仕事のメールを確認するために利用した
・移動中にはっと閃いたメルマガやブログの記事を書くために利用した
・クライアントさんと会うまでの時間調整にカフェを利用した
・明確な仕事内容がなくても、カフェを1つの仕事場として利用した

これらの理由は、ひとり起業家なら誰でも経験があるのではないでしょうか。こういった場合は、仕事で利用していると言えるので、経費にしても問題ありません。

経費計上の実践

経費として計上する際は、次の点に注意しましょう。

1. 勘定科目は「会議費」でOK：1人カフェの経費の科目については特に決まりはありませんが、「会議費」で問題ありません。

2. レシートにメモを残す：レシートに利用理由をメモしておくと、さらに確実です。例えば「仕事場確保のためのカフェ利用」などと書いておけば十分でしょう。

3. 長時間利用の場合：2時間も3時間も利用する場合、コーヒー1杯だけでは申し訳ないので、サンドイッチやケーキを追加注文することもあるでしょう。これらも仕事場確保のための必要経費として計上できます。

カフェでの飲食代を経費にできるかどうかは、利用目的次第です。単に休憩や気分転換で利用したのであれば経費にはなりませんが、仕事のために利用したのであれば経費として認められます。

ひとり起業家にとって、カフェは重要な仕事場の1つです。自宅に専用の仕事スペースがない場合や、外出先で仕事をする必要がある場合など、カフェは貴重な仕事環境を提供してくれます。

自信を持って経費計上し、効率的な節税を心がけていきましょう。

37 英会話スクールや資格取得にかかる費用は「研修費」

英会話スクールの費用は経費になるのか？

これは多くのひとり起業家や中小企業の経営者から頻繁に聞かれる質問です。

結論から言えば、**法人の場合は経費にできる可能性が高く、個人事業の場合はやや厳しい条件が付く**ということになります。

まず、会社（法人）の経費になる基準を確認しておきましょう。それは、「会社の事業に関係（関連）しているかどうか」です。そして、「あなたの会社のビジネスに必要かどうか」がポイントになります。

つまり、英会話があなたの会社のビジネスに何かしら関係していて、さらに会社の事業のために英会話が必要だと説明できればいいのです。

英会話スクールが経費になる理由

では、具体的にどのような場合に経費として認められやすいのでしょうか。
次のようなケースであれば、経費として認められる可能性が高いと言えます。

1. すでに外国人顧客や取引先が存在し、実際のビジネスで英語を使用している場合
2. 事業計画の中で、具体的な海外展開や外国人顧客の獲得が明確に位置づけられている場合
3. 業務上、英語力が必須のスキルとして求められる場合

一方で、次のような場合は経費として認められにくいでしょう。

1. 単なる自己啓発や趣味の範囲と判断される場合

2．将来的な可能性だけを理由に受講する場合
3．業務との関連性が具体的に説明できない場合

重要なのは、税務調査が入った際に「なぜこの費用が会社の事業に必要なのか」をしっかりと説明できることです。そのためにも、英会話スクールの受講を始める前に、自社のビジネスにおける英語の必要性を明確に整理しておくことをおすすめします。

経費計上の科目

英会話スクールの費用を経費計上する際の勘定科目としては、「**研修費**」がおすすめです。研修費は非常に便利な科目で、今後何かを学びに行く際にも「会社のビジネスに必要だから学びに行く」という理由で使えます。

個人事業主の場合、英会話スクールのような学習にかかる費用が経費（必要経費）として認められるかどうかは、法人の場合よりも厳しい基準が適用されます。これは

「家事関連費」の問題が関わってくるためです。

個人事業の場合、英会話スクールにかかったコストが事業の売上に貢献していることを客観的に証明する必要があります。

- 英会話スクールに通った結果、外国人顧客が増えたことを示せる
- 外国人をターゲットにしたビジネスを展開している
- 顧客に英会話を教えている
- 英語を使って海外の顧客と商談をしている

このように、英語力が事業の売上に直結していることが明確な場合は、個人事業でも経費として認められる可能性が高くなります。

国税庁の見解

国税庁の法令解釈通達によると、会社が役員や使用人に技術等を習得させるために

費用を負担できるケースについて、次のように示されています。

（課税しない経済的利益……使用人等に対し技術の習得等をさせるために支給する金品）

（36－29の2）

使用者が自己の業務遂行上の必要に基づき、役員又は使用人に当該役員又は使用人としての職務に直接必要な技術若しくは知識を習得させ、又は免許若しくは資格を取得させるための研修会、講習会等の出席費用又は大学等における聴講費用に充てるものとして支給する金品については、これらの費用として適正なものに限り、課税しなくて差し支えない。（平28課法10－1、課個2－6、課審5－7追加）

この通達から、会社が負担する資格取得費用等を給与課税しない要件は次の3つであることがわかります。

1. 業務遂行上必要であること
2. 職務に直接必要な技術・知識を習得させること
3. 費用として適正なもの（不相当に高額ではないこと）

これらの条件を満たせば、英会話スクールの費用を含む資格取得にかかる費用は、経費として認められる可能性が高いといえます。

コラム―ペットのエステも経費にできる？

ビジネスの世界では、一見すると個人的な贅沢に思えるものが、実は重要な経費となることがあります。今回は、ペットにかかる費用、特にエステ代を経費として計上できる可能性について考えてみましょう。

ある日、私はテレビで興味深い番組を見ました。「東京の南麻布で家賃100万円の家に住んでいるあの人って一体何者？」という特集です。そこに登場したのは41歳の女性で、ワンちゃんと一緒に優雅な暮らしを送っていました。彼女の正体は、「広尾」「銀座」「日本橋」で高級ドッグサロンを経営する社長だったのです。

この社長の生活スタイルは、多くの視聴者の興味を引いたことでしょう。しかし、私が特に注目したのは、彼女がペットのエステに月20万円もかけているという事実でした。一般的な感覚からすれば、これは贅沢の極みに思えるかもしれません。しかし、ビジネスの観点から見ると、これは非常に賢明な投資である可能性があるのです。

なぜなら、このワンちゃんは単なるペットではなく、彼女の経営する高級ドッグサロンの「広告塔」として機能している可能性が高いからです。つまり、会社の事業活動に実際に使用され、事業に貢献しているのです。

「事業の用に供している」という重要概念

ここで重要なのは、「事業の用に供している」という概念です。これは、**そのものや行為が会社の事業活動に実際に使用されているかどうか**を判断する基準です。

この社長の場合、ワンちゃんは明らかに彼女のビジネスと密接に関連しています。高級ドッグサロンを経営する上で、完璧にケアされた犬を持つことは、まさに「生きた広告」となるのです。

このような観点から、ワンちゃんにかかる費用、つまり月20万円のエステ代を含む様々な費用は、すべて会社の経費として計上できる可能性があります。これは、会社の車の維持費がすべて経費になるのと同じ原理です。

さらに、**ペットは会計上「減価償却資産」として扱うことができます。**

これは、建物や車両と同じように、時間の経過とともに価値が減少していく資産として認識されるということです。面白いことに、犬の耐用年数は8年と定められています。

つまり、犬の購入費用も8年間にわたって経費として計上できるのです。

ここで注意しなければならないのは、単にペットを飼っているからといって、その費用を経費にできるわけではないということです。

あくまでも、そのペットが会社の事業活動に実際に使用されている必要があります。

例えば、一般的な会社でペットを飼っている場合、そのペットが会社の事業に直接貢献していることを証明するのは難しいでしょう。

しかし、ペットショップやペットホテル、動物病院など、ペットに関連するビジネスを行っている場合は、ペットにかかる費用を経費として計上できる可能性が高くなります。

税務署の審査に耐えられるよう、そのペットが実際に事業に貢献していることを示す記録や証拠を残しておくことは重要です。

例えば、ドッグサロンの広告写真や動画に出演させたり、新しいトリミング技術の実験台として使用したりするなど、具体的な事業貢献の証拠を残しておくべきでしょう。

また、経費として計上する金額も適切でなければなりません。例えば、月20万円のエステ代が業界標準から大きく外れている場合、税務署から質問を受ける可能性があります。そのため、同業他社の事例や業界標準を参考にしながら、適切な金額設定を心がける必要があります。

この社長の例は、法人経営の醍醐味を示しています。

適切に管理され、事業に貢献しているものであれば、一見個人的な贅沢に見えるものでも、会社の経費として認められる可能性があるのです。これは、個人事業主では難しい、法人ならではのメリットの1つと言えるでしょう。

第5章

うっかり「脱税」をしないポイント

38 脱税と節税の違い

利益が出始めると、税金をどうにかして減らしたいと考えるのは、自然なことです。しかし、その方法を間違えると大変危険な結果を招く可能性があります。ここでは、脱税と節税の違いについて、具体例を交えながら詳しく解説していきます。

脱税と節税の定義

まず、脱税と節税の定義を明確にしておきましょう。**脱税とは、違法な手段で税金を免れようとする行為です**。一方、節税とは合法的な方法で税金を最小限に抑える工夫のことを指します。一見似ているように思えるこの2つの概念ですが、法的な観点から見ると天と地ほどの違いがあります。

脱税の典型的な例として、**「白紙の領収書」**を使用する方法があります。

白紙の領収書とは、金額が記載されていない領収書のことです。これを入手し、実際には支払っていない金額を記入することで、架空の経費を計上し、利益を少なく見せかけるという手法です。

以前、私の知り合いの経営者がこの方法を使っていたことがありました。彼の会社の経理書類をチェックしていた時、いくつかの領収書に違和感を覚えたのです。よく見ると、それらは白紙の領収書でした。彼は利益が予想以上に出てしまい、何とかして税金を減らそうと考えたのでしょう。

確かに、急に大きな利益が出ると、それに伴って税金も跳ね上がります。こうなると、多くの経営者が「何とかならないか」と考えるのも無理はありません。

しかし、白紙の領収書を使用するような方法は、明らかな脱税行為です。これは決して「賢い」やり方ではありません。

なぜなら、税務当局はこのような手口をよく把握しているからです。税務調査が入れば、高い確率で発覚してしまいます。さらに、一度でもこのような不正が見つかれば、その情報は国税内で共有され、以後厳しい監視の目にさらされることになります。

脱税が発覚した場合、その代償は非常に重いものとなります。高額の追徴課税や罰金が科される可能性があり、最悪の場合、刑事罰の対象にもなり得ます。また、社会的信用を失うことで、ビジネスそのものが立ち行かなくなる可能性もあります。

合法的な税金対策：節税

一方、節税とは、法律の範囲内で税金を最小限に抑える工夫のことです。

本書でも紹介してきたような規程を上手に活用すれば、白紙の領収書のような危険な方法を使わなくても、十分な節税効果を得ることができます。

節税は、脱税とは異なり、完全に合法的なものです。

税務当局も、適切に設定された社内規程に基づく経費計上を認めています。つまり、節税は「賢く」税金と付き合う方法なのです。

重要なのは、このような節税対策を事前に準備しておくことです。**利益が出てから慌てて対策を考えるのではなく、早い段階から適切な節税計画を立てておくことが大切です**。

そうすることで、業績が上向いた時にも慌てることなく、適切に税金対策を行うことができます。

脱税という危険な道を選ぶのではなく、適切な節税対策を行うことで、健全で持続可能な経営を実現しましょう。そうすることが、結果的にはもっとも賢明な選択となるのです。

39

脱税がバレるとどうなる？

本項では、脱税の仕組みや発覚時の影響、そしてなぜこのような危険な行為が続くのかについて、「裏金」を例に詳しく解説していきます。

裏金とは、嘘の経費などを作って会社の表のお金を裏に隠したものです。このような工作をして裏にお金をプールしたものを、政治家などへの賄賂として使うことがあります。裏金は作られた時点で経費になっていますが、これはハッキリ言って脱税行為であり、法律違反です。

裏金に加担しても手元にお金は残らない

例えば、ある下請会社Dが元請けであるA社の依頼で、1，000万円の裏金を作ったとします。この裏金は政治家等への賄賂として使われるため、下請会社Dの社長の手元には1，000万円は残りません。

お金の流れは次のようになります。

お金の流れ

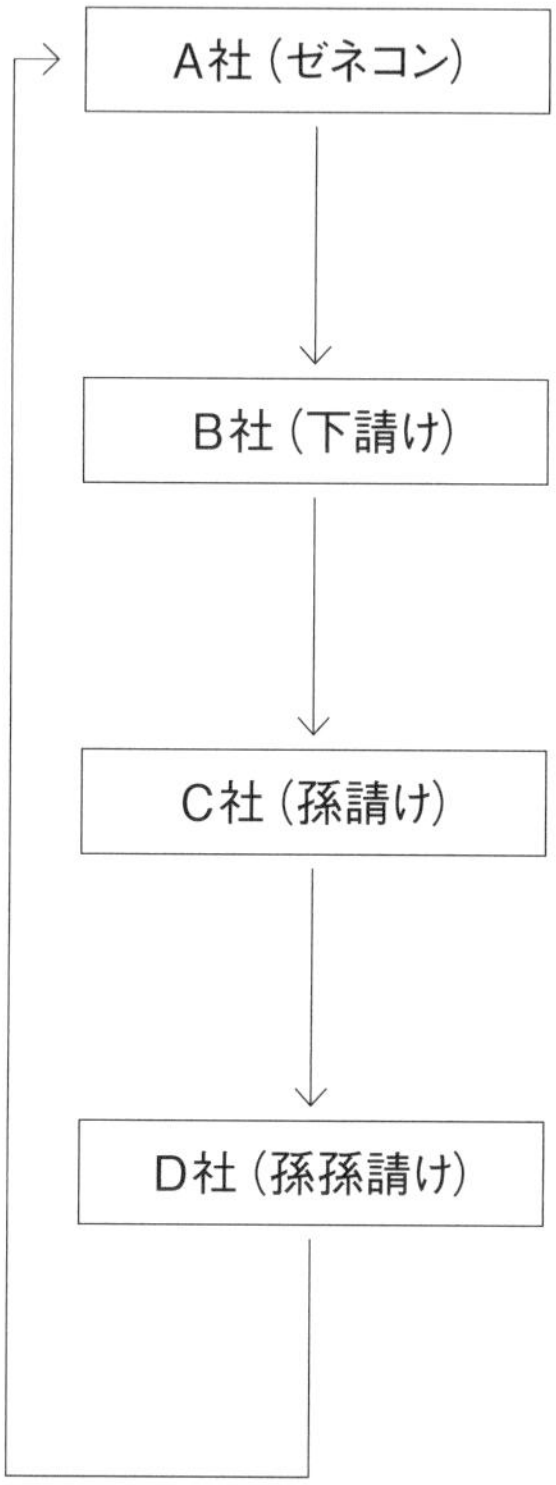

もし裏金がバレても、下請会社Dの社長はゼネコンAからの指示でやったとは絶対に言えません。そんなことを言ったら二度と仕事をもらえなくなるか、下手をしたらD社自体が大変なことになるからです。

結果、D社の社長がすべての罪をかぶることになるのです。

裏金1，000万円の罰金はいくらか？

それでは、1，000万円の裏金がバレた場合、どのくらいの罰金を払わなければならないのでしょうか。具体的にシミュレーションしてみましょう。

まず、この裏金1，000万円が会社の経費として認められなくなるので、法人税等としてざっくりと30％程度の300万円を払わなければなりません。

さらに、この1，000万円は下請会社Dの社長が個人的に使ったことになるので、社長の〝役員賞与〟とみなされます。そのため、社長個人の所得税等も発生し、追加で300万円程度払うことになります。

これだけではありません。追加で払わされる税金等に対して、今度は罰金が付いてきます。これを重加算税と言います。

脱税の場合、追加で払わされる税金の35%もの罰金が科せられます。今回の場合、法人税等の300万円と所得税等の300万円に対して、合計で約135万円の罰金を払わなければなりません。

さらに、本来払うべきだった税金に対して利息を払うよう言われます。これを延滞税や延滞金と言います。利息は3%~7%程度（場合によっては9%~14・6%）にもなります。

例えば、この裏金の話が5年前の脱税行為だったとすると、何やかんやで100万円程度は利息として払うことになります。

結局、1，000万円の裏金に対して、次のような支払いが必要になります。

・法人税等で300万円
・所得税等で300万円
・罰金の加算税等で135万円
・利息の延滞税等で100万円

合計で835万円になります。

さらに、消費税も申告している会社であれば、追加で消費税関連の支払いも発生します。つまり、**1,000万円の裏金を作ったら、税金や罰金等でその元本の1,000万円以上は払わされるということです。**

下請け会社が裏金工作をする理由はメリットがあるから

ここまでリスクが高いにもかかわらず、なぜ下請会社は裏金工作に協力するのでしょうか。実は、ここには隠れたメリットがあります。

もしD社のところでバレて、この税金と罰金を肩代わりする羽目になったとしても、絶対に口を割らなかったということで、そこから先はこのゼネコンから正規のお仕事がバンバンもらえるようになる可能性があります。この罰金等の1,000万円を肩代わりしたとしても、長期的にはメリットがあるという計算が成り立つのです。

このような古い体質が変わらない限り、裏金づくりはいつまでも続くでしょう。そして、これを追いかける国税との戦いも続くことになります。

私たちはこのような危険な世界に首を突っ込むべきではありません。脱税ではなく、合法的な「節税」をしっかりと学び、実践していくことが重要です。節税は法律の範囲内で税金を最小限に抑える工夫のことで、これなら安全に税金対策ができます。

健全な経営のために、脱税ではなく節税に取り組んでいきましょう。

40 脱税しないために気をつけたいワード

①「除外」

脱税は意図的に行われるものだけでなく、うっかりミスで税金を少なく申告してしまう場合もあります。

うっかりミスであれば厳しく見られることは少ないですが、調査時の対応を誤ると脱税扱いされる可能性があります。

実は、たった一言ある言葉を使うだけで脱税と見なされることがあるのです。本項では、その言葉と注意点についてお話しします。

「除外」という危険な言葉

実際に、たった一言で脱税認定をされてしまう「悪魔の言葉」が存在します。その言葉とは「**除外（じょがい）**」です。

税務調査で指摘され、説得されたのち、社長自らが修正申告をする時、または、更生処分を受ける時、この言葉を使うと脱税に認定されてしまいます。

国税調査官がよく使う言葉に、「○○漏れ」と「○○除外」があります。

例えば、「売上漏れ」と「売上除外」、「棚卸漏れ」と「棚卸除外」などです。これらは頭2文字は同じでも、後に続く2文字で意味が大きく変わります。この違いを理解することが、脱税の疑いを避けるために非常に重要なのです。

「漏れ」と「除外」の決定的な違い

「漏れ」と「除外」では、その解釈と結果が大きく異なります。

この違いは科される罰金の額にも大きく影響します。

「売上漏れ」の場合は過少申告加算税（10％）が課されますが、「売上除外」の場合は重加算税（35％）が課されることになります。

つまり、**「漏れ」と「除外」という言葉の違いだけで、脱税かどうかの判断が分かれ、罰金の額も大きく変わるのです。**

「漏れ」は「〇〇が抜け落ちること」を意味し、「除外」は「〇〇を取り除くこと」を意味します。売上に当てはめると、「売上漏れ」は売上が偶然抜け落ちてしまったことを指し、「売上除外」は売上を意図的に取り除いたことを指します。

つまり、「漏れ」はうっかりミスで売上の計上を忘れてしまったということですが、「除外」は売上を計上しなければならないと知っていながら、故意に税金を少なくするために売上を計上しなかったと解釈されるのです。

「除外」を避けるための具体的な対策

税務調査を受ける際は、調査官の使う言葉に細心の注意を払う必要があります。

例えば、あなたの会社で100万円の売上が計上されていなかった場合、調査官が

「これは売上の除外ですね」と言った時、安易に「はい、そうです」と答えてはいけません。

代わりに、「いいえ、それは単なる売上の漏れです。除外ではありません」と回答することが重要です。このように、「除外」という言葉を「漏れ」に置き換えることが、調査結果に大きな影響を与える可能性があります。

「除外」という言葉を避けるためには、日頃からの正確な記帳が欠かせません。売上や経費の記録を丁寧に行い、「漏れ」が起きないようにしましょう。また、四半期ごとなど定期的に帳簿をチェックし、漏れがないか確認することも重要です。

さらに、税理士や会計士など専門家のアドバイスを受け、適切な会計処理を心がけることも大切です。

税務調査を受ける際は、「除外」という言葉を使わないよう気をつけ、売上の計上漏れがあった場合、なぜそれが起きたのかを説明できるよう準備しておくことも重要です。

41

脱税しないために気をつけたいワード
②「架空」

前項では「除外」という言葉が持つ危険性について学びました。

今回は、もう1つの危険な言葉「**架空**」について詳しく見ていきましょう。

「架空」という言葉は、「実在しない」「実存しない」「存在しない」という意味を持ちます。税務調査の文脈では、この言葉は、次のように主に会社の支出や経費に関して使用されます。

・架空の人件費
・架空の給料
・架空の仕入れ
・架空の外注費

・架空の経費

これらの表現は、国税当局が実際には存在しない支出や取引を指摘する際に用いられます。

「架空」の経費と脱税の関係

実在しない人物に給与を支払ったように装って経営者が私的に流用するケースや、存在しない取引先の領収書を偽造して架空の外注費を計上するような行為は、明らかな脱税です。

注意が必要なのは、経営者が会社の経費として適切だと考えていたものが、国税当局の判断では個人的な支出とみなされるケースです。

例えば、経営者が高価なカメラを購入し、会社の経費として計上したとします。しかし、実際にはほとんど事業には使用せず、主に個人的な趣味や家族の撮影に使用していた場合、国税当局はこれを「架空の経費」と判断する可能性があります。

国税当局から「架空の経費」と指摘された場合、その言葉をそのまま受け入れてしまうと、意図的な脱税行為を認めたことになってしまう可能性があります。これは重加算税という重い罰金につながる可能性があります。

したがって、このような指摘を受けた場合は、「間違えました」と、単なるミスであることを強調することが大切です。

「除外」と「架空」の違い

前項の「除外」と今回の「架空」は、どちらも税務調査で注意すべき言葉ですが、使用される文脈が異なります。

「除外」は主に売上や収入に関して使用され、収入を意図的に計上しなかったことを示唆します。一方、「架空」は主に支出や経費に関して使用され、実際には存在しない経費を計上したことを示唆します。どちらの言葉も、国税当局が意図的な脱税行為を指摘する際に用いられる可能性が高いため、細心の注意が必要です。

42 現金売上の計上漏れを防ぐ

商品やサービスを販売する際に、現金を受け取ることはありませんか？

大規模な事業であれば、レジなどの設備があってレシートが自動で発行されますが、ひとり起業家の場合、そこまでの設備を持っていないことが多いでしょう。

特にセミナーなどを開催すると、現金での支払いを受けることも少なくありません。

現金での売上管理は、一見簡単そうに見えて、実は非常に注意が必要です。

毎回きちんと領収書を発行していれば後から売上を確認できますが、そこがおろそかになると、現金を数えるしか方法がなくなってしまいます。

さらに、その現金を使ってしまうと、正確な売上の把握が難しくなります。これは、思わぬトラブルの元になる可能性があるのです。

◎現金売上の計上漏れの危険性

あなたは、現金で受け取った売上をすべて、きちんと売上として計上できていますか？

「正直言って自信がない……」

こう思う方は少なくないのではないでしょうか。

現金で受け取った売上は、うっかりすると後からどこに行ったのかわからなくなり、きちんと売上に計上するのを忘れてしまうことがよくあるのです。

例えば、セミナー代金を考えてみましょう。最近はオンライン開催が増え、銀行振込やPayPal等での電子決済が主流になってきましたが、以前は会場で現金を受け取ることも多かったはずです。

そうなると、その現金でセミナー後に食事をしたり、コンビニで飲み物を買ったり、何も買わなくても自分の財布に入れてしまったりすることがあります。そして、いつの間にか日々の生活費に充ててしまい、売上に計上するのを完全に忘れてしまう……そんな経験はありませんか？「そんなの、よくありますよ〜」という方は要注意です！

このような現金での売上が確定申告の際に計上されていないと、税務調査の際に「これは売上除外ですよ」と指摘されることがあります。これは非常に危険な状況です。

先ほど説明したように、売上を「除外」したと言われると、故意に、税金を安くする目的で売上を計上しなかったと判断されます。

つまり、脱税行為をしたと認定されてしまうのです。

現金売上の適切な管理方法

では、このような事態を避けるために、どのように現金売上を管理すればいいのでしょうか？　具体的な方法を紹介します。

1. 領収書の即時発行

現金を受け取ったら、必ず領収書を発行し、控えを保管しましょう。

2. 売上の現金を別管理

売上として受け取った現金は、決して自分の財布に入れたり、すぐに使ったりしないようにしましょう。売上を計上するまでは、別で管理することが重要です。

3. 日次での記録

その日の売上を、毎日記録する習慣をつけましょう。売上台帳やエクセルなどを使って、日付、金額、内容を記録します。

4. 定期的な照合

週に一度など、定期的に現金残高と売上記録を照合しましょう。差異があれば、すぐに原因を追究します。

5. 電子決済の活用

可能な限り、現金取引を減らし、銀行振込や電子決済を活用しましょう。これにより、売上の把握が容易になります。

現金売上の管理は、ひとり起業家にとって非常に重要な課題です。うっかりミスが脱税の疑いをかけられる原因になる可能性があることを、しっかりと認識しておく必要があります。

ただし､単純なミスと故意の脱税行為は明確に区別されます。「隠蔽」や「仮装」といった意図的な行為がない限り、脱税と認定されることはありません。

現金管理は面倒に感じるかもしれませんが、事業の健全性を保ち、不要なトラブルを避けるために不可欠な取り組みです。

今日から、より厳格な現金管理を始めてみてはいかがでしょうか。適切な管理習慣を身につけることで、安心して事業に集中できるはずです。

コラム　美容院代も経費にできる？

「美容院代は経費にできるのですか？」という質問を最近よく耳にします。

美容院代に限らず、身だしなみに関する支出を経費として計上できるかどうかは、事業形態によって大きく異なります。

本項では、個人事業と法人での取り扱いの違いを詳しく解説し、特に法人における経費計上の可能性について探っていきます。

個人事業で経費にするのは難しい理由

まず、個人事業の場合、美容院代を経費として計上することは難しいです。

例えば、セミナー講師のように人前に立つ仕事をしている場合、身だしなみは確かに重要です。しかし、髪を切ることは個人の生活においても必要な行為です。ここに、個人事業での経費計上の難しさがあります。

個人事業の場合、つねに「**家事関連費（家事按分）**」という概念が付きまといます。美容院代、洋服代、バッグや財布など、自分自身の身体や身につけるものについては、仕事以外でも使用するため、全額を経費として計上することが困難になります。

個人事業で経費として認められるためには、他人が見ても「この支出は明らかに事業の売り上げを上げるために必要なものだ」と判断できる必要があります。事業用と個人用の支出を明確に区分し、その計算結果を詳細に記録しなければなりません。この明確な区分がないと、全額を経費として認めてもらえない可能性が高くなります。

法人で美容院代を経費にする方法

では、法人の場合はどうでしょうか。実は、法人では個人事業とは異なるアプローチで経費計上が可能になる場合があります。

法人の場合、重要なのは「なぜ法人がその費用を支払うのか」という理由付けです。例えば、美容院代の場合、「このセミナーを成功させるために、特別なヘアスタイルが必要だった」という説明ができれば、経費として認められる可能性が高くなります。

具体的には、「今回のセミナーのために美容院に行き、特別なヘアセットをしてもらいました。これは自分自身のブランディングの一環であり、セミナー事業の成功に直結する重要な投資です」といった説明が可能です。

この考え方は、美容院代に限らず、洋服代やバッグ代にも適用できます。重要なのは、その支出が法人の事業目的に合致しているかどうかです。

例えば、高級スーツを購入する場合も、「このセミナーの成功のために、このスーツで自分自身をブランディングする必要があった」と説明できれば、経費として認められる可能性があります。

証拠を残すことの重要性

経費として計上する際は、その支出の必要性を示す証拠を残すことが重要です。例えば、セミナーでその洋服を着用している写真をブログやSNSで公開し、ビジネスのブランディングに活用していることを示すことができます。

よく聞く噂として、「スーツや洋服は経費にならない」「高額な物品は経費として認められない」というものがありますが、これは必ずしも正確ではありません。ひとり起業家にとって、高額なスーツや洋服は、むしろビジネスやブランディングに積極的に活用されるものです。

重要なのは、その支出が事業にとってどれだけ必要で有効かを説明できるかどうかです。

事業の成長とブランディングに必要な支出を適切に経費計上することで、効果的な節税と事業の発展を両立させることができるでしょう。

おわりに

本書を最後までお読みいただき、ありがとうございます。

私が20年以上の税務の仕事を経て独立し、「ひとり社長」になって気づいた大切な事実があります。それは、多くの起業家が税金の知識がない、税金のことを知らないという理由だけで、毎年何十万円、何百万円もの損をしているという現実です。

実は私自身、税務の世界で働いていた頃は「税金の知識は、経営の本質的な部分ではない」と考えていました。しかし、実際に独立してみて、その考えは完全に覆されました。税金の知識は、ビジネスの成否を分ける重要な要素であり、成長のための強力な武器になり得るのです。

特に「ひとり社長」の場合、適切な節税対策を実施することで、想像以上のお金を手元に残すことができます。この発見は、私の起業家としての視点を大きく変えただけでなく、同じように1人で奮闘する起業家の皆さんを支援したいという強い使命感を生み出しました。

税金の話は、一見すると複雑で難しく感じるかもしれません。しかし、本当に重要なポイントは意外にもシンプルです。本書で紹介している方法は、すべて私自身が実践し、数多くのクライアントと共に効果を実証してきた実践的なものばかりです。

「今日から始められる具体的な方法」
「確実に成果が出る実践的なアプローチ」
「長期的に効果が続く持続可能な戦略」

これらの要素を、できるだけ分かりやすく、そして実用的な形でまとめました。この本が、あなたのビジネスの「守りの力」を高め、より豊かな経営を実現するための道しるべとなり、1人でも多くの、ひとり起業家の方々の成功の後押しができれば、これ以上の喜びはありません。

最後になりますが、本書の出版にご尽力いただいた明日香出版社の皆さま、特に編集担当の竹内さん、そして日頃から支えてくれる家族や友人、ビジネスでお世話になっている皆さまに心からの感謝を申し上げます。

２０２５年１月　杉田健吾

【杉田健吾の関連図書】

これからの時代は１人で自動化で稼ぎなさい！

～寝ている間も稼ぐ！ １人社長の完全自動化戦略とは？～

元国税職員から転身し、ひとり起業家専門のコンサルタントとして活躍する著者が贈る、成功への実践書。「満足いく収入」「自由な時間」「精神的なゆとり」という３つの課題を同時に解決する方法を、20年以上の経験と自身の起業ストーリーを基に解説。労働時間に縛られない、自由度の高いビジネスモデルの構築を目指す全ての起業家必読の一冊。

https://amzn.to/4h3NGtB

◆杉田健吾のホームページ

ひとり起業家の攻めと守りをリンクする経営を応援します！

https://linkway.jp/

◆著者からのメッセージ

私は、多くのひとり起業家の方々と同じように、独立・起業への夢と不安を抱えながら一歩を踏み出しました。近年のデジタル化の進展により、ひとりでも大きな可能性を持てる時代が到来しています。これまでの経験とノウハウを活かし、一人でも多くの方の起業への一歩を後押しし、より自由で豊かな人生を実現するお手伝いができれば幸いです。そして、ひとり起業家の輪が広がり、日本全国に新しいムーブメントが起きることを心から願っています。

※これらのサービスは予告なく終了することがあります

著者
杉田健吾（すぎた・けんご）

元国税職員。ひとり起業家専門のお金と税のコンサルタント、デジタル商品開発と事業自動化の専門家。

企業分析の専門家として20年以上にわたり1万社以上の企業に携わり、ひとり起業家から社員数千人の上場企業まで、幅広い経営状態を分析。

ロバート・キヨサキの『金持ち父さん 貧乏父さん』（筑摩書房）に影響を受け、将来の起業を見据えて税務の世界で実務経験を積む。2016年に独立し、東京・銀座にてコンサルティング会社を設立。5年間で300社以上のひとり起業家のコンサルティングを手がけ、成功事例を創出。

国税職員としての知見、税理士の視点の理解、そして自身のひとり起業家としての経験という3つの視点を活かし、実践的な経営支援を展開。自ら実践し成果を上げてきた1人法人による節税手法と事業自動化の仕組みを体系化し、コンサルティング事業、セミナー事業、オンラインコースを通じて多くのひとり起業家をサポート。

企業の「守り」となる税務戦略と、「攻め」となる事業自動化の両面から、ひとり起業家の経済的・時間的自由の実現を支援。現在は、より多くのひとり起業家の成功をサポートすべく、オンラインを中心とした支援事業を展開している。


「ひとり社長」の賢い節税　元国税が教えるお金の残し方

2025年2月14日 初版発行
2025年7月12日 第12刷発行

著者　杉田 健吾
発行者　石野栄一
発行　明日香出版社
〒112-0005 東京都文京区水道2-11-5
電話 03-5395-7650
https://www.asuka-g.co.jp
デザイン　大場君人
組版・図版　野中賢 / 安田浩也（システムタンク）
校正　鷗来堂
印刷・製本　シナノ印刷株式会社

ISBN 978-4-7569-2384-4